小学 標準問題集 5年 国語 読解力

この本の特色

① 基礎《きそ》から応用 …ていて、るので、国語の読解《どっかい》問題が苦手な児童も無理な …

② 国語の出題の …に学習することができ、テストで確実《かくじつ》な得点アップが …ます。

③ 解答(別冊《べっさつ》)の「考え方」や「ここに注意」では、問題のくわしい解《と》き方や注意すべきポイントが示されているので、十分に理解しながら学習を進めることができます。

もくじ

本書に関する最新情報は，当社ホームページにある本書の「サポート情報」をご覧ください。

（開設していない場合もございます。）

1 言葉の意味

学習のねらい
言葉の意味は文脈の中でとらえるようにする。また、ことわざや慣用句《かんようく》、四字熟語《よじじゅくご》の意味や使い方、対義語《たいぎご》・類義語についてもきちんとおさえられるようにする。

勉強した日　月　日

ステップ1

1 次の文章を読んで、あとの問いに答えなさい。

妻《つま》は①三日坊主《みっかぼうず》である。先日、そうじをしていて千九百九十何年だかから始まる十年日記というのが出てきたが、書いてあったのはわずか四日だったらしい。十年と四日というギャップにはおどろいたが、当人は「四日つけたから三日坊主じゃない」などと言っている。もちろん慣用句を文字通りの意味に取るのはまちがいで、「三日」は短い期間を表しているにすぎない。

そんなことを思いながら自室を片《かた》づけていたら、古い中国語の教材やら、漢文の参考書やらが山ほど出てきた。中国語も漢文も一時は熱中したものの、結局ものにはならなかった。私《わたし》も妻と②□の背比《せいくら》べ、私たちは似《に》た者どうしなのかもしれない。

(1) ——線①「三日坊主」の意味を書きなさい。

（　　　）

(2) ——線②「□の背比べ」は、「大したちがいはない」という意味のことわざです。□にあてはまる四字の言葉を書きなさい。

□□□□

(3) (2)の「□の背比べ」と似た意味のことわざを次から選び、記号で答えなさい。

ア 月とすっぽん　イ 目くそ鼻くそを笑う

ウ 花よりだんご　エ ちょうちんに釣《つ》り鐘《がね》

（　　　）

2 次の文章を読んで、あとの問いに答えなさい。

たどりついた新宿のてんぷら屋さんが、その日、定休日だった。いつも①几帳面《きちょうめん》に予約の電話をかけてからでかける父だったが、たまたま②を抜《ぬ》いたか、忘《わす》れたかしたらしい。ある種の料亭《りょうてい》みたいに敷居《しきい》の高い店ではないから、わざわざ予約をするのも大仰《おおぎょう》だろう、と考えたのかもしれない。

店の前に茫然《ぼうぜん》と立ちつくし、私たちは暗い店内をドアごしに見つめた。

「帰るぞ」

ただでさえ不機嫌《ふきげん》だった父の声は、いまや怒《いか》りに震《ふる》えていた。私は——そしておそらく妹も——帰ることに異存《いぞん》はなかった。もともと、とくにてんぷらをたべたいとは思っていなかったし、不機嫌な父のそばにいる緊張《きんちょう》から、早く解放《かいほう》されたくもあったからだ。

驚《おどろ》いたことに、そのときはでも母が反対した。「せっかく来たんだから、どこか他のお店に行って、何かたべて帰りましょうよ」というようなことを言った。「子供《こども》たちがお腹《なか》をすかせているのに、かわいそうですよ」というようなことも。父は一切《いっさい》聞く③を持たなかった。

（江國香織《えくにかおり》「やわらかなレタス」）

(1) ――線①「几帳面」の意味として適切《てきせつ》なものを次から選び、記号で答えなさい。

ア 真面目《まじめ》で何事にもきちんとしている様子。
イ 物事をいいかげんにすませてしまう様子。
ウ 小さなこともいちいち気にする様子。
エ たのまれたことをきちんとする様子。

（　）

(2) ②・③にあてはまる言葉を次から選び、それぞれ記号で答えなさい。

ア 目　**イ** 耳　**ウ** 口
エ 気　**オ** 息

②（　）　③（　）

❸ 次の文章を読んで、あとの問いに答えなさい。

それから数年が経《た》っていた。僕《ぼく》は高校生になっていて、学校生活をエンジョイしていたのだ。友達《ともだち》も増《ふ》えて帯広《おびひろ》の頃《ころ》より友達の数は多かった。相変わらず男友達ばっかりではあったが、楽しい日々であった。

しかし、僕はずっとあの手紙の女の子のことが忘れられなかった。誰《だれ》だろうとずっと考えていたのである。残念なことに彼女《かのじょ》からの手紙はその後も届《とど》かなかった。どうしてあのとき確《たし》かめなかったのかと後悔《こうかい》する日々が暫《しばら》く続いていたのである。

随分《ずいぶん》と年月は経っていたが、高校二年の正月、それで僕は一計を□じて元のクラス全員に年賀状《ねんがじょう》を出してみることにしたのだ。僕は名前を伏《ふ》せることにし、中学二年のときのあなたのエネルギーの素《もと》より、と記しておいた。

そしたら□の定一通返事がきたのである。

（辻《つじ》 仁成《ひとなり》「Xへの手紙」）

問　二つの□に共通してあてはまる漢字一字を書きなさい。

□

❹ 次の文章を読んで、あとの問いに答えなさい。

一段《いちだん》下の芋畑《いもばたけ》の周囲の草を刈《か》っていた時、□息子《むすこ》の泣き声に気付き、あわてて柿《かき》の木の下に駆《か》け寄《よ》ると、息子のそばから蝮《まむし》が一匹《ぴき》逃《に》げて行く姿《すがた》が目に飛び込《こ》んだ。噛《か》まれたか、と息子の身体《からだ》を見ると、握《にぎ》りしめた右手の小指と薬指に蛇《へび》の歯《は》跡《あと》らしきものがあり、うっすらと血が滴《したた》っていた。

（伊集院静《いじゅういんしずか》「少年譜《ふ》」）

問　□にあてはまる言葉を次から選び、記号で答えなさい。

ア 火が消えたような　**イ** 火が出たような
ウ 火を灯《とも》したような　**エ** 火が点《つ》いたような

（　）

ステップ2

時間 25分　合格点 70点　得点　点

勉強した日　月　日

1 次の文章を読んで、あとの問いに答えなさい。

〔美幸《みゆき》は漆工芸師《うるしこうげいし》の原田さんの家の買い物を手伝っていたが、弟子《でし》の清人《きよと》が、師匠《ししょう》の身のまわりのことは自分がやると言い出して、美幸の仕事をうばってしまった。〕

「いやだわ、……あたし」

清人のことを言いつけに来たということを、自分でも知っている。だから、さりげなく玄関《げんかん》の戸をあけることができないのだ。

「よし、あの人のことは口にしないことにきめた。それなら、いいでしょ」

自分に覚悟《かくご》を言いきかせて、ようやく気分が楽になった。

こんにちは、美幸です、という声が、すっと出てきた。

「あら、美幸ちゃん。たしか、今日はお人形の日じゃなかったはずだけど」

「ごめんなさい、おじゃまでしたか？」

「とんでもない。いつだって歓迎《かんげい》よ」

木内さんは、にこにこしてまねき入れた。相変わらず制作《せいさく》に①余念《よねん》がないらしい。居間《いま》のテーブルの上には、つくりかけの人形が数体ならんでいた。どれもが新しい形をしている。

「いまね、新作を考えていたの。浮世絵《うきよえ》のなかから江戸《えど》時代の女の姿《すがた》を選んで、人形に再現《さいげん》してみようと思ってね」

木内さんが浮世絵の大型本を指さした。ひらいてあるページに、にわか雨にあった女の絵がのっている。つくっているのは、それらしい。

「いいですねえ。……これが和紙人形になったら、とってもすてきだわ」

美幸は思わず見入った。雨をさけてかけだそうとする女の躍動感《やくどうかん》が表現されたら、どんなにすばらしいだろう。——木内先生なら、きっとつくりだすにちがいないわ。

「あなたも人形づくりが、だいぶ好きになったみたいね。……目の色が変わったわよ」

「あら、そうですか？」

「それにしても、入ってきたときの目の色はなあに？　まるで敵《かたき》に会ってきたみたいだったわ」

木内さんがくすくす笑った。まるで、すべてをお見とおしのようだった。

「わかりました？」

「ええ。あんな目をしているのは、よっぽど学校でいやなことがあったか、それとも清人くんとけんかしてきたときかの、どちらかね」

すごい、と美幸は内心そう思った。なんで、こんなにわかっちゃうんだろ。

「察するところ、清人くんね」

「ええ。……まあ、そんなとこです」

　玄関を入る前に決心したことは、なんとしてもまもろうと、ひそかに思っていた。しかし、木内さんののぞきこむようにしてくる目には②あらがえなかった。……ああ、情《なさ》けないわ。

「きゅうに人が変わったみたいに、よそよそしくなったんでしょう?」

「ええ、……まあ」

　美幸は、さっきの③一部□□を話しだした。すると、また腹《はら》立たしさが、ぶり返してきた。

「ねえ、おかしいでしょ。いままで、あたしの役目だったのに、いきなりことわるなんて、あの人にそんな権利《けんり》なんてないですよねえ?」

　木内さんは人形に和紙の着物を着せかけながらほほ笑《え》んでいた。ショートカットにした白い髪《かみ》が、ときどきかすかにゆれた。


（内海隆一郎《うつみりゅういちろう》「みんなの木かげ」）

(1) ――線①・②の本文における意味として適切《てきせつ》なものを次から選び、それぞれ記号で答えなさい。(50点)

① 「余念がない」
ア 精《せい》いっぱい　イ いそがしい
ウ あれこれ考える　エ 熱中している

② 「あらがえなかった」
ア 意味がなかった　イ 逆《さか》らえなかった
ウ 気が変わってしまった　エ 強いものがあった

①（　）②（　）

(2) ――線③「一部□□」の□にあてはまる漢字を入れ、四《よ》字熟語《じじゅくご》を完成させなさい。(25点)

（桜美林中―改）

2 次の文章を読んで、あとの問いに答えなさい。

　慣用《かんよう》表現は、一つ一つのもとの言葉の意味を組み合わせて解釈《かいしゃく》することはできない、特別な表現だということを見てきました。そのため、慣用表現の解釈において誤解《ごかい》が生ずることがあります。例えば、「情けは人のためならず」はその例です。本来の意味は、「人に情けをかけておくと、巡《めぐ》り巡って結局は□のためになる」というものですが、「人に情けをかけて助けてやることは、結局はその人のためにならない」という全く別の意味で解釈している人も多いようです。

（森山卓郎《もりやまたくろう》「日本語の〈書き〉方」）

問 □にあてはまる漢字二字の言葉を書きなさい。(25点)

2 指示《しじ》語をおさえる

学習のねらい

「これ」「その」など、物事や様子を指し示《しめ》す言葉に着目する。指示語が指し示す対象をきちんととらえ、文章を正しく読み取ることができるようにする。

勉強した日　月　日

ステップ1

1 次の文章を読んで、あとの問いに答えなさい。

今年も合唱コンクールの季節がやってきた。息子《むすこ》は昨年に引き続き、クラスの指揮《しき》をとることになったらしい。昨年はいやいや引き受けたが、舞台《ぶたい》上で注目をあびるのが快感《かいかん》だったらしく、今年は自ら手を挙げたそうだ。だが、①これがプレッシャーになったようである。新学級になってまだ二か月あまり。クラスとしてのまとまりは弱く、合唱にも熱が入らない子が多い。息子はいらだち、家でふさぎこむこともあった。私《わたし》は②それを妻《つま》から聞き、ひそかに心を痛《いた》めはしたが、どうにもできずにいた。

問　――線①「これ」、――線②「それ」は、それぞれ何を指していますか。

①（　　　）

②（　　　）

2 次の文章を読んで、あとの問いに答えなさい。

海がいちばんぎらぎらとかがやく季節は秋だ。

海辺の町に住むようになって、初めて①そのことに気づいた。おそらく太陽の角度とかが関係しているのだろうが、それまで私は、真夏にこそ海は燃《も》えあがるのだとばくぜんと思っていたのである。そして、②こんなことを考えた。

人生もまた、いちばんかがやいて見えるときには、実はすでにさかりが過《す》ぎているのではあるまいか、と。

問　――線①「そのこと」、――線②「こんなこと」は、それぞれ何を指していますか。その内容《ないよう》が書かれた一文をぬき出し、初めの五字を書きなさい。

① □□□□□

② □□□□□

3 次の文章を読んで、あとの問いに答えなさい。

松坂屋《まつざかや》を出ると、①その周辺を探検《たんけん》するような気持《きもち》で歩きはじめた。すると、大きな通りを渡《わた》ったすぐのところに異様《いよう》な空間があった。

②そこもまた通行人であふれていたが、デパートとはまったく違《ちが》った活気があった。表通りには、積み重ねた段《だん》ボールの箱を物差しのような棒《ぼう》で威勢《いせい》よく叩《たた》きながらバナナのたたき

売りをしている男がいたり、海産物を売っている店の前では男たちが声を嗄《か》らしながら競《きそ》うように呼《よ》び込《こ》みをしていたり、また、路地の奥《おく》をのぞき込むと、あまり新しいとは思えない外国製《せい》のバッグやベルトや服を売っている店がずらっと並《なら》んでいたりした。

いま思えば、それこそアメヤ横丁だったのだが、もちろん幼《おさな》い私は何がなんだかまったくわからなかった。しかし、自分の生活圏《けん》にはないものだということはよくわかった。私は昂揚《こうよう》した気分で歩いては立ち止まり、眺《なが》めてはまた歩いた。途中《とちゅう》、小倉のアイスキャンデーをひとつ買って食べながら、路地の一本一本までくまなく見てまわった。

その日、私が家に帰ったのはだいぶ暗くなってからだったが、親が心配するほど遅《おそ》くはならなかった。③それもあって、私の初めての小さな旅については、親に不審《ふしん》がられもせず、だから何も訊《たず》ねられることなく自分の胸《むね》のうちにしまっておくことができた。

（沢木耕太郎《さわきこうたろう》「旅する力」）

問　――線①「その」、――線②「そこ」、――線③「それ」は、それぞれ何を指していますか。

①（　　　）

②（　　　）

③（　　　）

4　次の文章を読んで、あとの問いに答えなさい。

人間の場合、体が大きくなるにしても、その成長を止めるシステムが働くから、ある一定の大きさ以上には大きくならない。しかし、魚類や両生類や爬虫《はちゅう》類はその成長を止めるシステムが人間ほどには働いていないように見える。人間の場合、一〇〇歳《さい》になったときのほうが二五歳のときよりも体が大きいということはまずないが、コイにしても、カメや、ワニにしても、年を重ねるほどに体が大きくなっていく傾向《けいこう》がある。①そのように成長がなかなか止まらないシステムになっているのが魚類や爬虫類の特徴《とくちょう》のひとつだとするならば、恐《きょう》竜《りゅう》もまた、成長速度が急速になったことに加え、成長が止まらないことによって巨大化《きょだい》が進んだのかもしれない。

いずれにせよ大きくなるためには②それを支《ささ》える餌《えさ》が豊富《ほうふ》にあることが必要条件《じょうけん》だろう。

（池田清彦《いけだきよひこ》「38億年　生物進化の旅」）

(1)　――線①「そのように」は、本文のどの部分を指し示していますか。二十五字程度《ていど》でぬき出し、その初めと終わりの五字を書きなさい。

□□□□□ ～ □□□□□

(2)　――線②「それ」は、何を指していますか。

（　　　）

ステップ2

勉強した日	時間	合格点	得点
月　日	25分	70点	点

1 次の文章を読んで、あとの問いに答えなさい。

　人間を含《ふく》めてどんな動物でも、眠《ねむ》ると体温が下がる。鳥やマウス(ハツカネズミ)などのような小動物の場合は、①それは恐《こわ》いことである。だから、マウスなどは眠ることがほとんどなく、しょっちゅう動き回っている。

　鳥たちはどうしているか。例えばハチドリは小さくて、体表面積がものすごく大きい。それで、体表面から失う熱が大きいので、計算上は絶《た》えず食べていないともたないはずである。ところが、ハチドリが生息している赤道付近は一日のうち昼間は約一二時間。昼は餌《えさ》をとるが、夜は寝《ね》ざるをえない。一二時間餌がとれないことになると、エネルギー的にもたない。②その間、どうしているのか調べたアメリカの学者によると、ハチドリは毎晩冬眠《まいばんとうみん》しているということがわかった。毎晩、体温を猛烈《もうれつ》に下げ、呼吸《こきゅう》もほとんど停止し、エネルギーの消耗《しょうもう》がないようにして一二時間を乗り切る。朝になって日が射《さ》して暖《あたた》かくなってくると活動し始める。だから、ハチドリの眠りというのはほとんど冬眠に近い。冬眠に近いということは意識《いしき》も全くないので、ハチドリが寝ているところを見つけたら、やすやすと手でつまんでとれるそうである。だから、地球温暖《おんだん》化がおこると、冬眠するには暑すぎる環境《かんきょう》になって、ハチドリは滅《ほろ》びるかもしれない。

　魚もだいたい眠る。魚は水呼吸するので安心してずっと寝ている。ただ、金魚などは眠らない。あれでどうして身体《からだ》がもつのかよくわからない。

（中略《ちゅうりゃく》）

　昆虫《こんちゅう》については、休んでいるということが何をしていることなのかよくわかっていない。チョウは暗くなるとじーっとしている。眠っているのかどうかわからない。朝早く起きたチョウはうまく飛べなくてモタモタしている。③それの解釈《かいしゃく》はいろいろあって、夜露《よつゆ》で羽根が濡《ぬ》れているからうまく飛べないという説があるが、アこれは全く嘘《うそ》で、チョウの鱗粉《りんぷん》は水をはじくようにできていて、どんなに水がかかっても濡れることはない。それから、朝起きたてで寝惚《ねぼ》けていて、ふらふら飛ぶのだという説もある。イこれは実はそのどちらでもなく、体温の問題である。チョウの筋肉《きんにく》が、一番よく動くのは体温が、摂氏《せっし》三〇度から三七度のとき。人間とあまり変わりない。だから、夜の気温が一〇度とか二五度だと、朝起きてすぐは筋肉が動かない。そこで羽根を動かしてウォーミングアップして動くやつもいるし、日光浴で体温を上げて動くやつもいるし、いろいろなタイプがある。

（日高敏隆《ひだかとしたか》「動物は何を見ているか」）

(1) ――線①「それ」は、何を指していますか。(20点)

（　　　　）

(2) ――線②「その間」とありますが、どのような間ですか。適切《てきせつ》なものを次から選び、記号で答えなさい。(15点)

ア 食べている間　イ 昼間の間
ウ 夜寝ている間　エ 餌をとっている間

（　　）

(3) ――線③「それ」と、ほぼ同じ内容《ないよう》を指し示《しめ》しているのは、――線ア・イのどちらですか。記号で答えなさい。(20点)

（　　）

2 次の文章を読んで、あとの問いに答えなさい。

山室良行《やまむろよしゆき》は金を持っている。――いや、持っているどころではない、大金持ちだ。

そんな彼《かれ》も、子供《こども》の頃《ころ》には、つぎの当たったズボンをはき、水道もない家に住んでいた。育ったのは、戦争が終わって間もなくだった。良行の周りでは、①それが普通《ふつう》だった。遊び道具もないから、風呂敷《ふろしき》をマントにして怪人《かいじん》ごっこをしたり、棒切《ぼうき》れを振《ふ》り回してチャンバラをした。昭和風俗《ふうぞく》の写真集を見たりすると、そういう子供たちが載《の》っていたりする。良行の目にさえ、それは、ひどく遠いことのように見える。まして茶髪《ちゃぱつ》の若者《わかもの》たちには、江戸《えど》時代も同然の《昔》なのだろう。

老人趣味《しゅみ》かも知れないが、近ごろは、その《昔》が懐《なつ》かしくてならない。

――今が、つまらないからだろうか。

そう思う。

学生時代に、好きが元で始めた仕事が、とんとん拍子《ひょうし》に発《はっ》展《てん》した。会社は、情報《じょうほう》産業界の最大手になっている。バブル*も大過《たいか》なく乗り切った。社会全体が不景気なだけに、勝ち組のうま味も大きい。雪玉の転がるように資産《しさん》も増《ふ》えて来る。

それはいいのだが、もう次の世代に会社を譲《ゆず》らねばならないところに来ている。

②この玩具《おもちゃ》も取り上げられるのだと思えば、心も燃《も》え上がらなくなって来た。何かのために稼《かせ》ぐというより、アイデアを出し実行し成功させる、③そのこと自体が面白《おもしろ》かったわけだ。

（北村《きたむら》 薫《かおる》「昔町」）

＊バブル＝一九八六年から一九九一年にかけて、土地や株《かぶ》が極端《きょくたん》に高くなった現象《げんしょう》。

(1) ――線①「それ」が指している部分を、「こと。」に続くように本文中から三十字以内でぬき出し、初めと終わりの五字を書きなさい。(15点)

□□□□□～□□□□□こと。

(2) ――線②「この玩具」とありますが、何のことですか。本文中から二字の言葉をぬき出しなさい。(15点)

□□

(3) ――線③「そのこと」とは、どんなことですか。(15点)

（　　　　）

3 接続語《せつぞく》をおさえる

学習のねらい
語句《ごく》と語句、文と文、段落《だんらく》と段落などをつなぐ言葉に着目し、接続語の前後の関係をきちんととらえ文章を正しく読み取ることができるようにする。

勉強した日　月　日

ステップ1

1 次の文章を読んで、あとの問いに答えなさい。

グルメ番組が大流行である。テレビをつければいつでも、評判《ひょうばん》のおいしい店のレポートだの、手軽にできるごちそうのレシピだのを見ることができる。だが、考えてみれば、本来味覚で味わうべきものを視覚《しかく》が主体であるテレビで見て、何が楽しいのだろうか。別に全ての視聴《しちょう》者が紹介《しょうかい》された店に行こうと思って番組を見ているわけでもなかろうに。

[①]、これがそうでもない。上手に作られたグルメ番組はおいしいのである。レポーターのうまそうな表情《ひょうじょう》を見ていると、なんだかこちらまでおいしいものを食べているような気分になってくる。[②]、視覚には(もちろん聴覚もだが)、他の感覚の代替《だいたい》作用とでもよぶべき働きがあるのだ。グルメ番組に限《かぎ》らない。考えてみれば、ドラマだって、あれは全感覚で体験すべき人生という名のグルメを、視覚(と聴覚)によって疑似《ぎじ》的に体験させてくれるものなのではないだろうか。

問 [①]・[②]にあてはまる言葉を次から選び、それぞれ記号で答えなさい。

ア だから　イ ところが
ウ また　エ つまり

①(　　)②(　　)

2 次の文章を読んで、あとの問いに答えなさい。

酒亭《しゅてい》〔汽船《きせん》〕に初めて来た客は、たいてい店内を見まわして、納得《なっとく》した顔をする。

内装《ないそう》が船のキャビンを思わせる造《つく》りになっている。天井《てんじょう》から吊《つ》るしたロープもガラスの浮《う》き玉《だま》もそれらしく、壁面《へきめん》にうがったキープボトルを入れる円い穴《あな》は船窓《せんそう》のようだった。

すべてが焼き鳥の油煙《ゆえん》に汚《よご》れているので、汽船というよりは漁船のように見える。[①]廃船《はいせん》まぎわの老朽船《ろうきゅうせん》といったところだ。

[②]、常連《じょうれん》のなかには、

「これがまた、妙《みょう》に落ち着くんだなあ」

と言う客が多い。

酔眼《すいがん》でまわりを見ると、ボロ船で漂流《ひょうりゅう》しているような気分になるからだろう。海の上を漂《ただよ》っているという感覚が、憂《う》き世《よ》のしがらみで疲《つか》れた酔客の胸《むね》に、そこはかとないロマンチックな思いを呼《よ》び起こさせるらしい。

(内海隆一郎《うつみりゅういちろう》「赤い煉瓦《れんが》」)

問 [①]・[②]にあてはまる言葉を次から選び、それぞれ記号で答えなさい。

ア しかし　イ ところで
ウ すると　エ しかも

①（　　）②（　　）

3 次の文章を読んで、あとの問いに答えなさい。

僧侶《そうりょ》の衣裳《いしょう》は、華麗《かれい》なものも質素《しっそ》なものも、どれもよく目立つ。法王の衣裳、司祭の衣裳、尼僧《にそう》の衣裳、修行僧《しゅぎょう》の衣裳。それらは身をそっくりくるむほどに隠《かく》し、黒や白、黄色といったきわめて*シンボリックな「異色《いしょく》」を好む。そして*剃髪《ていはつ》をはじめとする非凡《ひぼん》なヘアスタイル。この世の日常を捨《す》てたひと、この世を超《こ》えた世界にかかわるひととして、俗人《ぞくじん》とはことなる〈異形〉の存在《そんざい》であることが、外見からしても一目でわかる。

[　　]その〈異形〉の存在にも、明確《めいかく》な構成《こうせい》のルールがある。衣《ころも》のかたち、色、合わせ方、数珠《じゅず》など、あらゆる細部に宗派《しゅうは》ごとの特徴《とくちょう》があり、それが別の宗教集団との差異のしるしにもなっている。つまり、それは制服《せいふく》の典型でもある。

要するに、〈異形〉であるかぎりにおいてこの世界の外部と通じ、制服であるという点でこの社会の内部の一特殊《とくしゅ》集団であるわけだ。

（鷲田清一《わしだきよかず》「てつがくを着て、まちを歩こう」）

*シンボリック＝象徴的な様子。　*剃髪＝髪《かみ》をそること。

(1) [　　]にあてはまる言葉を次から選び、記号で答えなさい。

ア それで　イ しかし
ウ あるいは　エ さて

（　　）

(2) ——線「要するに」と同じ働きをもつ三字の接続語を本文中からさがし、ぬき出しなさい。

[　　　]

4 次の文章を読んで、あとの問いに答えなさい。

お茶をいれることが儀式《ぎしき》やら道になったりすることが私《わたし》には不思議でしょうがない。特に、それが*家元だのお茶の先生ということで長者番付に名前を連ねたりすることなど、外国人には説明不能《ふのう》の日本的特殊状況《じょうきょう》ではないかと、ふと思ったりする。

[　　]、中国茶の世界ではどうかというと、さすがに家元制度とかいれ方を教えてくれる先生といった世界にはならないらしいが、茶道というか儀式的いれ方は存在している。工夫茶《くふうちゃ》といわれるものがそれだ。

（森枝卓士《もりえだたかし》「東方食見聞録」）

*家元＝おどり・生け花・茶の湯などのやり方を、正しく受け伝えている家。また、その人。

問 [　　]にあてはまる言葉を次から選び、記号で答えなさい。

ア それで　イ または
ウ では　エ ところが

（　　）

ステップ2

時間 25分
合格点 70点
得点 点

勉強した日 月 日

1 次の文章を読んで、あとの問いに答えなさい。

新聞の話題になったので、たくさんのかたがすでにご存知《ぞんじ》のことと思うが、兵庫《ひょうご》県の小学校で「解《と》けない問題」を「問題」にするという、おもしろいこころみがおこなわれている。「解けない問題」とはなにか。それは、たとえばこういう「問題」である。

「教室から生徒が8人出てゆきました。そのあと、12人が入ってきました。教室には何人のこっていますか」

教室にいる生徒の数が何人ふえたか、という問題なら、誰《だれ》にでもすぐに解ける。12ひく8で4、つまり、四人ふえたというのが答えだ。しかし、何人のこっているか、という問題は解けない。①なぜなら、はじめに教室にいた生徒の数が何人であったかがあきらかにされていないかぎり、いくらたし算やひき算をやってみても、教室にのこった生徒の数はわかりっこないからである。もしも、はじめの数が三十人なら答えは三十四人だろうし、五十人なら五十四人だ。そのはじめの数をあきらかにしていない問題は、解きようがない。

［②］、この問題をみた児童たち、およびお母さんたちは、じつのところ当惑《とうわく》した。当惑しただけでなく、なかには、怒《おこ》ったお母さんもいるらしい。あきらかにこの問題は出題者の不注意によるものだから、もっと、ちゃんと気をつけて出題してほしい、というわけだ。

［③］、この「解けない問題」は、けっして出題者のまちがいによるものではなかった。こういう、あいまいな「問題」を出すことによって、世のなかには、「解ける問題」と、「解けない問題」と二種類があるのだ、ということを子どもたちに学んでもらうこと――それがこの「問題」を出した理由であり、また目的であったのだ。したがって、この「問題」への正解《せいかい》は、「解けません」ないしは「問題が不充分《ふじゅうぶん》です」である。解けない、という答えがこの問題の正しい「解」答なのである。

そんなひねくれた「問題」なんてバカバカしい、悪ふざけもいいかげんにしてください――そんなふうにかんがえてしまう人もいるだろう。とりわけ、入学試験のことなどを念頭においたお母さんたちは、とにかく出された問題をさっさと解いてゆくのが試験というものなので、「解けない問題」などという妙《みょう》ちくりんなもので子どもを惑《まど》わせてもらっては困《こま》る、とおっしゃるかもしれない。

しかし、わたしは、残念ながら、そういう批判《ひはん》ないし非難《ひなん》には賛成《さんせい》いたしかねる。わたしは「解けない問題」を子どもたちに出すことは、きわめて望ましく、かつ重要なことだとかんがえているのである。そして、その理由はきわめて簡単《かんたん》だ。すなわち、およそ「問題」というものは、まず、解けるか解けないかの見きわめをつけることが第一で、そこで解けるという見当がついたあとではじめてそれではどんな方法で解いたらいいのだろうか、をかんがえるのが正道だからである。「問題」のすべてが解けるなどとかんがえるのは大まちがいで、むしろ、「問題」というのは一般的《いっぱん》にいって、解けないのがふつうなのではないのか。すくなくとも、解くことのできない問題は、たくさんあるものなのだ。

（加藤秀俊《かとうひでとし》「独学《どくがく》のすすめ」）

(1) ——線①「なぜなら」の働きの種類として適切《てきせつ》なものを次から選び、記号で答えなさい。（20点）

ア 選択《せんたく》　イ 並立《へいりつ》　ウ 転換《てんかん》　エ 説明　（　　）

(2) ［②］・［③］にあてはまる言葉を次から選び、それぞれ記号で答えなさい。（40点）

ア そして　イ しかし　ウ また　エ あるいは　②（　　）③（　　）

2 次の文章を読んで、あとの問いに答えなさい。

中国人と豚《ぶた》とがいかに密接《みっせつ》な関係にあるかについては、実に面白《おもしろ》い笑い話を中国で耳にしたことがあります。

ある生徒が先生に「わが国では豚と牛とではどっちが位が高いのですか」と質問《しつもん》してみると、その先生いわく。「そりゃ豚だよ。豚に決まっている。豚っていう字はもともと豕と書いた。左側に月(肉)が付いたのは後になってからのことだよ。その豕の字に宀《うかんむり》が付くと家になる。宀は屋根のことだから屋根の下に豕《ぶた》が入ると家になる。［　　］豚は人と同じように屋根の下に住む家畜《かちく》なんだ。ところが牛は逆《ぎゃく》でね、牛に宀が付くと牢《ろう》になる。牢という字はとじ込《こ》めておくという意味なんだ。従《した》って豚の方が上だ」

とにかく中国の人たちは豚肉が大好きでありますが、これは昔から脈々と伝わってきた中国の伝統的《でんとう》食文化のひとつでもあるのです。従って、豚の処理《しょり》方法や調理の仕方、さまざまな豚肉料理などは伝統に満ちていて、少しの無駄《むだ》もありません。

（小泉武夫《こいずみたけお》「アジア怪食《かいしょく》紀行」）

(1) ［　　］にあてはまる言葉を次から選び、記号で答えなさい。（20点）

ア および　イ つまり　ウ では　エ さて　（　　）

(2) ——線「ところが」の働きの種類として適切なものを次から選び、記号で答えなさい。（20点）

ア 順接　イ 逆接《ぎゃくせつ》　ウ 添加《てんか》　エ 選択　（　　）

ステップ3

時間 45分　合格点 70点　得点　点

1 次の文章を読んで、あとの問いに答えなさい。

境内《けいだい》のほうで泣き声がした。同時にひきつったような声がした。

「なに？」

ぬぎかけたスニーカーをはきなおし、ぼくはなんだろうと外にでてみた。

［①］さっきの、子どもづれのおかあさんが、まるで鬼《おに》ごっこの鬼みたいに、女の子をさがしている。女の子は、しりもちをついて泣いている。と思うまに、こんどはそのおかあさんが、へなへな、崩《くず》れるようにすわりこんでしまった。ぼくはとっさにかけだしていた。そして、

「だいじょうぶですか！」

近くにいって、はっとした。

（目が見えないんだ！　この人）

「子どもは？　どこにいます？」

おかあさんはぼくにいった。

「あの子を、ここまで連れてきてください。おねがいします！」

「いいですよ。そこにいますから」

女の子はすぐそばにいる。距離《きょり》だって、ほんの三、四メートルしか離《はな》れていない。べつに、けがだってしていないのに、ちょっところんで、その、ころんだことにびっくりしているだけなのに、見えないからって、そんなにあわてることないじゃないか、このおばさん……。

ちょっと騒《さわ》ぎすぎだよ……と思いながら、ぼくは女の子にさし手をだした。

「おいで。おかあさんとこへ、いこ」

「おんぶ」

「おんぶ？」

こんどはぼくが、ひきつってしまった。女の子はすっかり②その気で、とびはねている。

（まいったなあ。おんぶか。まっ、いいか）

しかたなくおぶっていくと、

「すみません。あの、どこかに白杖《はくじょう》があるかしら」

女の人は立ちあがった。

（ハクジョウ？　ハクジョウってなんだよ）

きょろきょろしていると、

「あれ、あれ。かあたんの、つえ」

背中《せなか》で女の子が、指をさした。白い、細い杖《つえ》が、イチョウの樹《き》にたてかけてある。（そうか、白い杖って、［③］読み

するとハクジョウなんだ）

この人はさっき、幹《みき》に抱《だ》きついていた。そのときここにおいたのだろう。ぼくが見たときはうしろ向きだったから、手も、杖も見えなかったんだ。だから目の悪い人だなんて、ぜんぜん思わなかった。

「はい、杖です」

手渡《てわた》すと女の人は、

「ありがとう」

ともう片方《かたほう》の手で、ぼくの背中にいる女の子の手をさがした。

「夕香《ゆうか》。手を離しちゃだめ、って、かあさんいつも、いってるでしょうに。さあ、もうおんりして、歩きましょ。ありがとうして」

「やだ。おんぶ」

「いいです。ぼく、門までいきますから」

イチョウの葉はすべりやすい。こんど、この人がころんだりしたら大変だ。

おばさんは右手で杖をつき、左手でぼくの背中の、女の子の足をつかんだ。でも女の子がはしゃいで、足をバタバタするので、ぼくはすぐよろけてしまう。

「夕香ったら、よっぽどおんぶが、嬉《うれ》しいのね。でも、すこし静かにしようね」

「あのう、ぼくにつかまってもいいです」

「ありがとう。そうさせてもらうわ。杖があっても、つかまる物があると歩きやすいの」

おばさんはぼくのGジャンをつかんだ。それでやっと、三人で歩ける体勢《たいせい》になった。

でもすたすた歩けたわけじゃない。敷石《しきいし》があるからすたすたどころか、普通《ふつう》にさえ歩けないのに、

「すみません。慣《な》れないところなので、ゆっくり、お願いします」

歩くたびにおばさんがそういう。たった数メートルしかない距離なのに、門まで五倍くらいの時間がかかった。おまけに女の子は、門についてもおりようとせず、おんりはいやだと、［④］をこねる。

——まいったなあ。おりてくれよ。

ぼくは内心うんざりだった。［⑤］いい子ぶって、なぜか気持ちとはまったく反対のことをいっている。

「いいですよ。あのう、バス停へいくんですか。あれ？　それとも駅ですか？」

バス停なら近いけど、駅はちょっと遠い。駅までなんて絶《ぜっ》対《たい》にいきたくない。でもまさか今さらほおりなげるわけにもいかないし、正直いって、うへ、って気持ちだ。

なんでおんぶなんかしたんだろう……。ぼくはおおいに後《こう》悔《かい》した。すると、

「ほんとうに、ごめんなさいね」

おばさんはまるで、⑥ぼくの心を読んだようなタイミングで

そういった。

「うち、すぐそこなんですよ。商店街の手前のコンビニのかどを、えーと、こっちからだと右にまがってすこしいった、インコのいる家。そのおとなりに、先日、ひっこしてきたばかりなの」

助かった。そこならこのあいだまで、ずっと工事中だった。クッキーの散歩がへって、しばらくいかなかったけれど、それならあそこが完成したのだろう。（中島《なかじま》その子「星はスバル」）

(1) ①・⑤にあてはまる言葉を次から選び、それぞれ記号で答えなさい。(10点)

ア だけど　イ しかも
ウ または　エ すると

①（　　）⑤（　　）

(2) ——線②「その気」とありますが、「その」が指している内容《ないよう》を、「気。」に続くように、十二字以内にまとめて書きなさい。(10点)

□□□□□□□□□□□□気。

(3) ③にあてはまる漢字一字を、考えて書きなさい。(10点)

□

(4) ④にあてはまる適切《てきせつ》な語を、ひらがな二字で書きなさい。(10点)

□□

(5) ——線⑥「ぼくの心」とは、どのように思ったことを指していますか。思ったことを書いた部分を、本文中から十五字以内でぬき出しなさい。(10点)

□□□□□□□□□□□□□□□

（成城学園中—改）

2 次の文章を読んで、あとの問いに答えなさい。

社会をつくっているのは脳《のう》です。一方では社会をつくり、他方で現実《げんじつ》ⓐとは何かということを決めていく。①それをしているのが脳です。

たとえば、学生は給料をもらって働いているわけではありませんから、ある種の制約《せいやく》がかかっていません。Ａ学生諸君《しょくん》はそれがかかっていないということに気づいていないと思います。Ｂそういうものがかかったことがないから、脳はいまあるがままの状態《じょうたい》を現実と受けとめてしまうのです。

大人たちがときどき世の中はこういうものですよと教えてくれることがあると思いますが、それは大人たちが何らかの現実あるいは実在《じつざい》を信じているからです。そのことについて、学生諸君の頭の中にはその現実はない、と指摘《してき》しているのです。いくら大人にこうだといわれても、やはりないものはないからしかたがない。

人の脳の中にないものは、その人にとってはまったく存在《そんざい》しない。だとすれば、人間をいくら集めても脳に入らないものは実在しないということになります。脳が世界を決めているのです。これは動物でも同じです。

　ローレンツという動物学者のエッセイを紹介《しょうかい》しましょう。彼《かれ》は、ネズミ(トガリネズミ)を箱の中で飼《か》っていました。そこにたまたま仕切りがあって、そのネズミは、餌《えさ》を食べにいくときにはいつもこの仕切りを飛び越《こ》えていました。

　そうやって飼っていたのですが、ある日ローレンツはこの仕切りをとってしまいました。ネズミはいつものように餌を食べにいく。仕切りの板がないのでずっと先まで行く。[A]途中《とちゅう》ではっと気がついて、出発点までもどる。そしてもう一度出直して、仕切り板があったところまできてぴょんと跳《と》んだのです。

　なぜ②こんなことが起こるかというと、ネズミは世界がこうでなければならないということを知っているからなのです。これは脳が世界をつくっていることを示《しめ》しています。

　実験で使うためにネズミをとりに林へ行くことがあります。深さ三〇センチ、直径一五センチほどのごみ箱を一〇個《こ》くらい持っていきます。地面を掘《ほ》ってこのごみ箱を埋《う》めておき、夜、見にいくとネズミが落ちています。

　学生を連れていくと必ず餌を入れたがるのですが、餌を入れてもかかる率《りつ》は変わりません。これはなぜでしょうか。

　ネズミは目がほとんど見えないから、絶《た》えず動きまわって自分の環境《かんきょう》をさわって確《たし》かめています。穴《あな》を掘ってごみ箱を埋めておくと、彼らにとっては宇宙《うちゅう》船が来たようなものですから、さわって確かめようとします。そのため穴の中に入っていって捕《つか》まってしまいます。ネズミは入れば出られないということはまったく考えていません。b自然の状態では出られないということはないのですから。

　このように、ネズミが落ちるのは、ただの探索《たんさく》行動なのです。だから餌はいらない。彼らはさわることによって頭の中に世界の像《ぞう》をつくり、その像によって行動しているということがこの例でもよくわかります。

（養老孟司《ようろうたけし》「まともバカ」）

---

(1) ══線a「現実」、══線b「自然」の対義語《たいぎ》を、それぞれ漢字二字で書きなさい。(10点)

a [　　]　b [　　]

(2) ——線①「それ」は、何を指していますか。(10点)

（　　　　）

(3) 二つの[A]には同じ接続《せつぞく》語が入ります。その語を次から選び、記号で答えなさい。(10点)

ア そして　イ また　ウ しかし　エ ところで　（　　）

(4) [B]にはどんな働きをもつ接続語が入りますか。次から選び、記号で答えなさい。(10点)

ア 添加《てんか》　イ 選択《せんたく》　ウ 説明　エ 転換《てんかん》　（　　）

(5) ——線②「こんなこと」は、何を指していますか。「こと」に続くように書きなさい。(10点)

（　　　　）こと

4 心情《しんじょう》を読み取る

学習のねらい
物語などの読み取りでは、人物の心情をつかむことが大切。行動や会話文、情景描写《びょうしゃ》などから心情の表れた言葉をきちんととらえられるようにする。

勉強した日　月　日

ステップ１

❶ 次の文章を読んで、あとの問いに答えなさい。

息子《むすこ》は幼稚園《ようちえん》のころ、昆虫《こんちゅう》のカードを使って相手と対戦するゲームに熱中していた。このゲームは全国的なブームとなっていて、各地で大小さまざまな大会が行われていたようである。その大会に出場して優勝《ゆうしょう》するのが、幼《おさな》い息子の夢《ゆめ》だった。

そして、生まれて初めての大会出場。息子は「ようし、がんばってぜったい優勝するぞ！」と張《は》り切ること張り切ること。

だが、一回戦の相手は息子より頭一つ大きい小学生。しかも、強いカードをたくさん持っている。結果は、わずか一、二分で息子の惨敗《ざんぱい》であった。

「ぼく一生けんめいやったのに……ぼく、どうしたらいいの」と涙《なみだ》ぐむ息子を前に、かける言葉もなく、私《わたし》はただ頭をなでてやることしかできなかった。一生けんめいがんばっても、うまくいくとはかぎらない。そんな人生の非情《ひじょう》さに息子が初めて直面した日であった。

問　――線「私はただ……できなかった」とありますが、このときの「私」の心情として最も適切《てきせつ》な言葉を次から選び、記号で答えなさい。

ア 同情　イ 困惑《こんわく》　ウ 哀切《あいせつ》　エ 失望　（　　）

❷ 次の文章を読んで、あとの問いに答えなさい。

鍋《なべ》というのはみごとに性格《せいかく》の出るもので、そういう点では少しこわいところもある。

「あいつとだけは鍋をご一緒《いっしょ》したくない」

と言われるようになったら人間はおしまいだ。

「鍋友だち」という言葉がもしあるとすれば、「鍋がたき」というのもあるにちがいない。

僕《ぼく》の「鍋がたき」はＫという奴《やつ》で、こいつが前に座《すわ》るともうその日のナベはおしまいである。とにかく心の休まるヒマがないのだ。

肉でも野菜でも、鍋に放り込《こ》んだとたんにもうＫの箸《はし》がのびている。

「Ｋさん、それはまだ全然煮《に》えてないよ！」

Ｋは僕をジロッとにらみ、

「こんなものは、ぬくまったぐらいでええんじゃ！」

この前は生煮えの豚肉《ぶたにく》を、止めるのも聞かずに食っていた。虫が湧《わ》くのも近いだろう。

いや、もう湧いているのかもしれない。

（中島《なかじま》らも「恋《こい》は底《そこ》ぢから」）

(1) ――線「あいつとだけは……おしまいだ。」とありますが、筆者がそう思うのは、どんな考えがあるからですか。本文中の言葉を使って、二十五字以内で書き出しなさい。

(2) 筆者のKに対する気持ちが最もよくわかる一文をぬき出し、初めと終わりの五字を書きなさい。

□□□□□ ～ □□□□□。

3 次の文章を読んで、あとの問いに答えなさい。

ある日の午後、私がいつもの場所に座って兄たちの帰りを待っていると、家の前に大きな黒い車が止まった。赤いコートを着た、スラリとした大柄《おおがら》な女が降《お》りてくる。

そこだけ光が射《さ》しているようだった。見るからに特別な人。くっきりとした輪郭《りんかく》を持った大人の女。今までこんな人を見たことはなかった。こんなにも美しく、存在感《そんざいかん》があり、こんなにもどこか不吉《ふきつ》な気配を漂《ただよ》わせた人を。

鳥肌《とりはだ》が立った。もうすぐだ。もうすぐあの人は顔を上げる。次の瞬間《しゅんかん》、玄関《げんかん》の窓越《まどご》しに私を見る。その時あの瞳《ひとみ》の中に何を見るだろう？

（恩田《おんだ》陸《りく》「睡蓮《すいれん》」）

問 ――線「鳥肌が……上げる。」とありますが、このときの「私」の心情として適切な言葉を次から二つ選び、記号で答えなさい。

ア 期待　イ 不快《ふかい》　ウ 歓喜《かんき》
エ 不安　オ 嫌悪《けんお》

（　　）（　　）

4 次の文章を読んで、あとの問いに答えなさい。

私は文豪《ぶんごう》といわれる人達の全集の最后《さいご》にまとめられている日記とか書簡《しょかん》集とかがことの外好きで、その心は、ワイドショーの小母《おば》さんと同じだと思っているから、立派《りっぱ》な人に「卑《いや》しい心根」と云《い》われるのは承知《しょうち》であるが、やめられない。たいがいは、何やら小むずかしくて退屈《たいくつ》で、でもその退屈を我《が》慢《まん》すると、退屈の山の中に「おっ」と思う立派な作品の中では決して発見することが出来ない心躍《こころおど》る文章や秘密《ひみつ》の一片《いっぺん》に出くわすことが、喜びなのである。

でも作家根性《こんじょう》というものはしたたかなもので、日記さえ人が読むことを頭のどこかでちゃんと計算していると思うから、たいがいは「やっぱね」とどこかで思う。

（佐野《さの》洋子《ようこ》「あれも嫌《きら》い　これも好き」）

問 ――線「私は……ことの外好き」とありますが、筆者が好きな理由が書かれている部分を、「から。」に続くように四十字程度《ていど》でぬき出し、初めと終わりの五字を書きなさい。

□□□□□ ～ □□□□□から。

ステップ 2

時間	合格点	得点
25分	70点	点

勉強した日　月　日

1 次の文章を読んで、あとの問いに答えなさい。

*葦《あし》の繁《しげ》みのあいだに*コーモリ傘《がさ》が見えるので何かと思ったら釣《つ》り人《びと》だった。老人がタオルで頭をすっぽり覆《おお》い、小さな腰《こし》かけにすわって退屈《たいくつ》そうに竿《さお》を出している。

（中略《ちゅうりゃく》）

頭の上の太陽の熱気がいよいよすさまじいものになり、中島君がいきなり「傘を持ってくればよかった」と大きな声で言った。

あの老人のように陽《ひ》よけに傘をさしたいのかと思ったらそうではなくて「傘をひろげて、風を受ければ帆《ほ》のかわりになる」と言うのだ。

「ああそうか」

ほかの三人が中島君の言っていることをまもなく理解《りかい》した。ゆるやかだったけれどたしかに風がアメンボ号の進行方向に吹《ふ》いている。傘をもってこなかったのはつくづく残念だった。

「今度はいっそのこと帆をつけてみよう」

中島君がいつもの発明家風の顔で言った。

ねじまがりの滝《たき》はそれから一時間ほど下ったところで中島君の双眼鏡《そうがんきょう》が発見した。

今度はまちがいなく双眼鏡の威力《いりょく》だった。

「あれだあ！」

中島君の大きい声とともにそれまでなんとなく①黙《だま》りこんでいたアメンボ号が急に活気づいた。オボが双眼鏡をのぞいて確認《かくにん》した。太陽はまだ頭の上にあってさらに暑くなっていた。

川幅《かわはば》はすこしずつ狭《せま》くなっていき、同時に流れもすこしずつ速くなっていくようなので、そのままどんどんスピードを増《ま》して一気に滝に突入《とつにゅう》していってしまうような恐怖《きょうふ》を感じた。けれど実際《じっさい》にはすこし前とくらべてほんのわずか速くなったという程度《ていど》のもので、そこから滝の音が聞こえるところにくるまでかなり長い時間かかった。

四人の考えが一致《いっち》して、②いったんアメンボ号を岸につけ、もう一度全員で偵察《ていさつ》することにした。

けれど流れの中でアメンボ号を止めるというのは案外むずかしく、葦の繁った河原《かわら》にアメンボ号をぴったり横につけるのはとてもできない。どうしても*へさきか*ともが流れてななめになってしまうのだった。鎖《くさり》がわりにロープでとめるにもその支《ささ》えとなる木や杭《くい》が見つからなかった。

そこでふたりがロープでアメンボ号を押《お》さえているあいだにほかのふたりが偵察に行ってくる、という作戦をとることになった。

先にオボと中島君が偵察に出て、③僕《ぼく》とフーちゃんは葦の繁みの泥《どろ》の中に入ってロープを持った。

（椎名《しいな》誠《まこと》「アメンボ号の冒険《ぼうけん》」）

＊葦＝水辺に生えるイネ科の草。　＊コーモリ傘＝金属《きんぞく》の骨《ほね》に布《ぬの》を張《は》った傘。
＊へさき＝舟《ふね》の前方の部分。　＊とも＝舟の後方の部分。

(1) ——線①「黙りこんでいた……活気づいた」とありますが、ここから考えられる四人の心情《しんじょう》として最も適切《てきせつ》なものを次から選び、記号で答えなさい。（25点）

ア 念願のねじまがりの滝を遠くから発見した双眼鏡の効《こう》果《か》に大喜びしている。
イ この冒険《ぼうけん》で最も流れが急で危険《きけん》なねじまがりの滝が近づきおびえている。
ウ できることなら避《さ》けて通りたかったねじまがりの滝が近づき落ち込《こ》んでいる。
エ この冒険の最大の難所《なんしょ》であるねじまがりの滝が近づき興奮《こうふん》している。

（　　）

(2) ——線②「いったん……偵察することにした」とありますが、それはなぜですか。次の文中の□にあてはまる気持ちを表す漢字二字の言葉を考えて書きなさい。（25点）

・ねじまがりの滝までの距離《きょり》を確認し、□したいから。

(3) ——線③「僕とフーちゃんは……持った」とありますが、それは何の役割《やくわり》をするためですか。本文中から三字でぬき出しなさい。（25点）

2 次の文章を読んで、あとの問いに答えなさい。

（埼玉栄中―改）

ある春の日暮《ひぐ》れです。

唐《とう》の都洛陽《らくよう》の西の門の下に、ぼんやり空を仰《あお》いでいる、一人の若者《わかもの》がありました。

若者の名は杜子春《とししゅん》といって、もとは金持ちの息子《むすこ》でしたが、今は財産《ざいさん》をつかいつくして、その日の暮らしにも困《こま》るくらい、あわれな身分になっているのです。

なにしろそのころ洛陽といえば、天下に並《なら》ぶもののない、繁昌《はんじょう》を極《きわ》めた都ですから、往来《おうらい》にはまだしっきりなく、人や車が通っていました。門いっぱいに当たっている、油のような夕日の光の中に、老人のかぶった紗《しゃ》の帽子《ぼうし》や、トルコの女の金の耳環《みみわ》や、白馬《しろうま》に飾《かざ》った色糸の手綱《たづな》が、絶《た》えず流れていくようすは、まるで画《え》のような美しさです。

しかし杜子春は相変わらず、門の壁《かべ》に身をもたせて、ぼんやり空ばかりながめていました。空には、もう細い月が、うらうらとなびいた霞《かすみ》の中に、まるで爪《つめ》のあとかと思うほど、かすかに白く浮《う》かんでいるのです。

（芥川龍《あくたがわりゅう》之介《のすけ》「杜子春」）

問 杜子春の心細い気持ちが、情景にたくしてえがかれています。その一文を本文中からさがし、初めの四字をぬき出しなさい。（25点）

5 心情《しんじょう》の移《うつ》り変わりをつかむ

学習のねらい
物語の読み取りでは、登場人物、特に主人公の心情の変化をつかむことが大切。行動や会話文などからもその変化を読み取れるようにする。

勉強した日　月　日

ステップ 1

❶ 次の文章を読んで、あとの問いに答えなさい。

「なんで持ってこない。明日忘《わす》れたらただじゃおかねえぞ。」

山下が低い声で言った。目がこわい。山下はいわゆる番長である。その番長が、ぼくの宝物《たからもの》——アイドルMのサイン——を持ってこいと言うのだ。持ってくれば見せるだけですまないことは明らかなので、ぼくはぐずぐずと一日のばしにしていた。だが、それももう限界《げんかい》のようだ。

それにしても——ぼくは白くなった頭のすみに、石川のにきび面《づら》を思いうかべた。こんなことになったのはすべて石川のせいだ。あいつがよりによって山下なんかに話すから……。石川は山下と同じグループに属《ぞく》している。もちろんぼくは特に仲がいいわけではない。だが、サインを手に入れたうれしさのあまり、ついつい席の近い石川にじまんしてしまったのだ。

肩《かた》をいからせて教室を出ていく山下を見送りながら、ぼくは①石川のバカ、と心の中でののしっていた。

翌日《よくじつ》、ぼくはやっぱりサインを持ってこなかった。何か解《かい》決策《けっさく》を思いついたわけではない。どうしても取られたくなかっただけだ。山下がいつ来るか。ぼくはその日、休み時間のたびに教室の入り口をうかがいながらびくびくと過《す》ごした。ところが、結局山下はその日、ぼくの前にあらわれなかったのだ。

給食のとき、石川がぼくに耳打ちした。「おまえ、でかい兄貴《あにき》がいることにしとけ。山下に、サインはその兄貴に取られたって言っておいたから」そう言って、おがむようなかっこうをして、片目《かため》をつぶってみせた。

（こいつ、けっこういいやつじゃん）②石川のにきび面が、このときはなんだか好ましいものに見えた。

問　——線①から——線②への「ぼく」の心の変化の理由を次のようにまとめました。[A]・[B]にあてはまる言葉を、Aは自分で考えて、Bは本文中からぬき出して書きなさい。

・石川が自分のしたことに[A]を感じ、[B]策を講《こう》じてくれたから。

A [　　]

B [　　]

❷ 次の文章を読んで、あとの問いに答えなさい。

最近昔に比《くら》べてめっきり書店に行かなくなったような気がする。

どうして書店に行かなくなったかというと、その理由は自分でものを書くようになったことにある。書店で自分の本が並《なら》んでいるのはなんとなく気恥《きは》ずかしいものだし、並んでいなければいないでこれはまた困《こま》ったものである――というようなわけで、すっかり書店から足が遠のいてしまった。

（村上春樹《むらかみはるき》「村上朝日堂の逆襲《ぎゃくしゅう》」）

問　――線「最近……行かなくなった」とありますが、その理由を、筆者はどのように考えていますか。

（　　　　）

3　次の文章を読んで、あとの問いに答えなさい。

乱暴《らんぼう》な王に怒《おこ》ったメロスは、王を殺そうとしてとらえられた。死刑《しけい》と決まったが、妹に結婚《けっこん》式を挙げてやるため、竹馬の友のセリヌンティウスを身代わりにして三日間のゆうよをもらう。式を終えたメロスは刑場に急ぐが、行く手にさまざまな困難《こんなん》が立ちふさがり、いっそ悪徳《あくとく》者として生きのびようかという思いがうかんだ。

ふと耳に、せんせん、水の流れる音が聞こえた。そっと頭をもたげ、息をのんで耳を澄《す》ました。すぐ足元で、水が流れているらしい。よろよろ起き上がって、見ると、岩の裂《さ》け目からこんこんと、何か小さくささやきながら清水《しみず》がわき出ているのである。その泉《いずみ》に吸《す》い込《こ》まれるようにメロスは身をかがめた。水を両手ですくって、一口飲んだ。ほうと長いため息が出て、夢《ゆめ》から覚めたような気がした。歩ける。行こう。肉体の疲労回復《ひろうかいふく》とともに、わずかながら希望が生まれた。義《ぎ》務遂行《むすいこう》の希望である。我《わ》が身《み》を殺して、名誉《めいよ》を守る希望である。斜陽《しゃよう》は赤い光を木々の葉に投じ、葉も枝《えだ》も燃《も》えるばかりに輝《かがや》いている。日没《にちぼつ》までには、まだ間がある。私《わたし》を待っている人があるのだ。少しも疑《うたが》わず、静かに期待してくれている人があるのだ。私は、信じられている。私の命なぞは問題ではない。死んでおわびなどと、気のいいことは言っておられぬ。私は信頼《しんらい》に報《むく》いなければならぬ。今はただその一事だ。走れ！　メロス。

私は信頼されている。私は信頼されている。先刻《せんこく》の、あの悪魔《あくま》のささやきは、あれは夢だ。悪い夢だ。忘れてしまえ。五臓《ごぞう》が疲《つか》れているときは、ふいとあんな悪い夢を見るものだ。メロス、おまえの恥《はじ》ではない。やはり、おまえは真の勇者だ。再《ふたた》び立って走れるようになったではないか。ありがたい！　私は、正義《せいぎ》の士として死ぬことができるぞ。ああ、日が沈《しず》む。ずんずん沈む。待ってくれ、ゼウスよ。私は生まれたときから正直な男であった。正直な男のままにして死なせてください。

（太宰《だざい》治《おさむ》「走れメロス」）

(1) 疲労が回復したメロスに生まれてきたのはどんな思いですか。本文中から七字の言葉をぬき出しなさい。

(2) 情景にメロスの心情が反映《はんえい》されている一文をさがし、初めの三字をぬき出しなさい。

ステップ 2

時間	合格点	得点
25分	70点	点

1 次の文章を読んで、あとの問いに答えなさい。

禅智内供《ぜんちないぐ》は長さ五六寸《すん》もある長い鼻によって、自尊心《じそんしん》を傷《きず》つけられていた。あるとき、弟子《でし》の僧《そう》が京の医者から長い鼻を短くする方法を教わってきた。さっそく試《ため》してみると、はたして鼻はいつになく短くなった。ところが、周囲の者たちは内供の鼻を見て、前よりもいっそうおかしそうな顔をするようになった。

内供は始め、これを自分の顔がわりがしたせいだと解釈《かいしゃく》した。しかしどうもこの解釈だけでは十分に説明がつかないようである。——もちろん、*中童子《ちゅうどうじ》や下法師《しもほうし》が嗤《わら》う原因《げんいん》は、そこにあるのにちがいない。けれども同じ嗤うにしても、鼻の長かった昔とは、嗤うのにどことなく容子《ようす》がちがう。見慣《みな》れた長い鼻より、見慣れない短い鼻の方が滑稽《こっけい》に見えるといえば、それまでである。が、①そこにはまだ何かあるらしい。

——前にはあのようにつけつけとは嗤わなんだて。

（中略《ちゅうりゃく》）

——人間の心には互《たが》いに矛盾《むじゅん》した二つの感情《かんじょう》がある。もちろん、誰《だれ》でも他人の不幸に同情しない者はない。ところがその人がその不幸を、どうにかして切りぬけることができると、今度はこっちで何となく物足りないような心もちがする。少し誇張《こちょう》して言えば、もう一度その人を、同じ不幸に陥《おとしい》れてみたいような気にさえなる。そうしていつの間にか、消極的ではあるが、ある［②］をその人に対して抱《いだ》くようなことになる。——内供が、理由を知らないながらも、何となく不快《ふかい》に思ったのは、池《いけ》の尾《お》の僧俗《そうぞく》の態度《たいど》に、この傍観者《ぼうかんしゃ》の利己主義《りこしゅぎ》をそれとなく感づいたからにほかならない。

そこで内供は日ごとに機嫌《きげん》が悪くなった。二言目には、誰でも意地悪く叱《しか》りつける。しまいには鼻の療治《りょうじ》をしたあの弟子の僧でさえ、「内供は*法慳貪《ほうけんどん》の罪《つみ》を受けられるぞ」と陰口《かげぐち》をきくほどになった。ことに内供を怒《おこ》らせたのは、例の悪戯《いたずら》な中童子である。ある日、けたたましく犬の吠《ほ》える声がするので、内供が何気なく外へ出てみると、中童子は、二尺《しゃく》ばかりの木の片《きれ》をふりまわして、毛の長い、痩《や》せた尨犬《むくいぬ》を逐《お》いまわしている。それもただ、逐いまわしているのではない。「鼻を打たれまい。それ、鼻を打たれまい」と囃《はや》しながら、逐いまわしているのである。内供は、中童子の手からその木の片をひったくって、したたかその顔を打った。木の片は以前の鼻持《はなも》上《た》げの木だったのである。

内供はなまじいに、③鼻の短くなったのが、かえって恨《うら》めしくなった。

するとある夜のことである。日が暮《く》れてから急に風が出たとみえて、塔《とう》の＊風鐸《ふうたく》の鳴る音が、うるさいほど枕《まくら》に通って来た。その上、寒さもめっきり加わったので、老年の内供は寝《ね》つこうとしても寝つかれない。そこで床《とこ》の中でまじまじしていると、ふと鼻がいつになく、むず痒《がゆ》いのに気がついた。手をあててみると少し水気《すいき》が来たようにむくんでいる。どうやらそこだけ、熱さえもあるらしい。

——無理に短《みじこ》うしたで、病《やまい》が起《おこ》ったのかも知れぬ。

内供は、仏前《ぶつぜん》に香花《こうげ》を供《そな》えるような恭《うやうや》しい手つきで鼻を抑《おさ》えながら、こう呟《つぶや》いた。

翌朝《よくあさ》、内供がいつものように早く眼《め》をさましてみると、寺内の銀杏《いちょう》や橡《とち》が一晩《ひとばん》のうちに葉を落《おと》したので、庭は黄金《きん》を敷《し》いたように明るい。塔《とう》の屋根には霜《しも》が下りているせいであろう。まだうすい朝日に、九輪《くりん》がまばゆく光っている。禅智内供は、蔀《しとみ》を上げた縁《えん》に立って、深く息をすいこんだ。

ほとんど、忘《わす》れようとしていたある感覚が、ふたたび内供に帰って来たのはこの時である。

内供は慌《あわ》てて鼻へ手をやった。手にさわるものは、昨夜《ゆうべ》の短い鼻ではない。上唇《うわくちびる》の上から顋《あご》の下まで、五六寸あまりもぶら下《さが》っている、昔の長い鼻である。内供は鼻が一夜のうちに、また元の通り長くなったのを知った。そうしてそれと同時に、④鼻が短くなった時と同じような、はればれした心もちが、どこからともなく帰って来るのを感じた。

——こうなれば、もう誰も哂《わら》うものはないにちがいない。

内供は心の中でこう自分に囁《ささや》いた。長い鼻をあけ方の秋風にぶらつかせながら。

（芥川龍之介《あくたがわりゅうのすけ》「鼻」）

＊風鐸＝軒《のき》の四角につり下げる小さい鐘《かね》。　＊法慳貪＝法典に対して無慈悲《むじひ》なこと。
＊中童子＝寺で雑用《ざつよう》をする少年。

(1) ——線①「そこにはまだ何かあるらしい」とありますが、この「何か」を言い表した八字の言葉を、本文中からぬき出しなさい。（20点）

(2) [②]にあてはまる言葉を次から選び、記号で答えなさい。（20点）

ア 好意　イ 敵意《てきい》　ウ 善意《ぜんい》　エ 敬意《けいい》　（　　）

(3) ——線③「鼻の短くなったのが……恨めしくなった」とありますが、その理由になるように、次の文中の[A]・[B]にあてはまる言葉を、それぞれ本文中からぬき出しなさい。（40点）

・周囲の者たちが前よりも[A]と哂うようになったり、[B]を言うようになったことを感じているから。

A　　B

(4) ——線④「鼻が……感じた」とありますが、「はればれした心もち」は、どういう思いから来るのですか。それが書かれた一文を、本文中からぬき出しなさい。（20点）

（　　）

6 原因《げんいん》・理由をつかむ

学習のねらい

「なぜなら」「〜からだ。」などの接続語《せつぞく》や文末の形を手がかりに、原因や理由が書かれた部分を見つけられるようにする。

勉強した日　月　日

ステップ1

1 次の文章を読んで、あとの問いに答えなさい。

オタクにあこがれている。私《わたし》自身、人と交わることが苦手で、人と会うより家でビデオを見たり、一人で缶《かん》ビールを飲みながら漫画《まんが》を読んだりするほうが好きである。時には、人から「オタクだね」と言われたりする。だが、自分が本物のオタクでないことは、私自身がいちばんよく知っている。

オタクとは、全く実利に結びつかない物事に情熱《じょうねつ》をかたむけることができる人たちである。世間的には全く評価《ひょうか》されない、自分だけの趣味《しゅみ》の世界に没頭《ぼっとう》できる人たちである。少なくとも私はそのように解釈《かいしゃく》している。

一方の私ときたら、いい年をしてアニメなんか見ていたらバカにされる、ホラー映画《えいが》なんて見ていたら悪趣味だと言われる、などと世間さまの目を気にすることおびただしい。

問　――線「自分が……知っている」とありますが、筆者が自分は「本物のオタクでない」と考える理由をまとめた次の文中の ① ・ ② にあてはまる二字の言葉を、本文中からぬき出しなさい。

・オタクとは ① の評価など気にせずに ② の世界にひたれる人たちのことだが、自分はそうではないから。

①

②

2 次の文章を読んで、あとの問いに答えなさい。

どうしてそのホモ属《ぞく》人類は石器を作るような技術《ぎじゅつ》を手に入れたのでしょうか。それは謎《なぞ》に包まれています。しかし、この野生チンパンジーで見つかった、ハンマー石で強打することによって偶発《ぐうはつ》的に割《わ》れた台石を、新たにハンマー石として使うというようなことがひとつのきっかけになったと想像《そうぞう》できます。チンパンジーの姿《すがた》は、石器をもって石器を作るというわれわれ人類（ホモ属）の出現《しゅつげん》をうながす技術の前触《まえぶ》れを示《しめ》しているように思えます。

（松沢哲郎《まつざわてつろう》「進化の隣人《りんじん》 ヒトとチンパンジー」）

問　――線「どうして……手に入れたのでしょうか。」とありますが、この問いかけに対して、筆者はどんな推察《すいさつ》を述《の》べていますか。本文中から六十字程度《ていど》でぬき出し、初めと終わりの六字を書きなさい。

〜

3 次の文章を読んで、あとの問いに答えなさい。

真央《まお》が、このところ学校を休みがちなのは知っている。金魚が水面で口をパクパクさせている状態《じょうたい》だろう。酸素《さんそ》が足らないのだ。だいたい、中学校なんて、慢性《まんせい》酸素不足の危険《きけん》地帯なのである。

命令、規律《きりつ》、集団、秩序《ちつじょ》なんて、時代遅《おく》れの二文字がけっこうな勢《いきお》いで闊歩《かっぽ》している。自由、快楽《かいらく》、個人《こじん》なんて言葉は、かなり劣勢《れっせい》だ。それでも、あたしたちは楽しかった。三年間、担任《たんにん》が大当たりだったのだ。一年生の担任の瀬尾貴恵《せおたかえ》先生は、ひょろりと背《せ》が高く、「背が高え先生」と呼《よ》ばれるたび、恥《は》ずかしそうに笑ったりしていた。読書が趣味《しゅみ》で、中学生のあたしたちに毎日、読み聞かせをするような人だった。おかげで、あたしは、この時期かなりの数の本を読んだ。ミステリーが中心で、文学全集とは縁《えん》のない読書傾向《けいこう》だったけれど、今でもちょっぴり、本は好きだ。

（あさのあつこ「ガールズ・ブルー」）

問 ――線「それでも、あたしたちは楽しかった。」とありますが、それはなぜですか。

（　　　　）

4 次の文章を読んで、あとの問いに答えなさい。

①人以外の動物は原則《げんそく》遊ばずに必死で生活しています。そのような余裕《よゆう》がないからです。いつも「どこかで捕食者《ほしょく》の目が光っていないか」「どこに餌《えさ》があるのか」で頭のなかが一杯《いっぱい》なのだと考えられます。（中略《ちゅうりゃく》）

杉田昭栄《すぎたしょうえい》によると、カラスの脳《のう》は、体の大きさに比《ひ》してイヌやネコより相対的に大きいのだそうです。つまり科学的な賢《かしこ》さの裏付《うらづ》けがあることになります。ペットを飼《か》っている人なら、愛犬がカラスに馬鹿《ばか》にされているのを苦々しい思いで眺《なが》め続けざるをえなかった記憶《きおく》があるのではないでしょうか。しかしネコはそうはいきません。②カラスにとってネコは油断《ゆだん》ならざる相手です。楽々と樹《き》の枝《えだ》まで登ってくるネコに寝込《ねこ》みを襲《おそ》われたり、卵《たまご》やヒナのいる巣をねらわれたらひとたまりもないからです。とはいえ、猛獣《もうじゅう》やカラスが遊べるのは、彼《かれ》らの生活に余裕がある証《あかし》だと考えられます。

（江崎保男《えざきやすお》「自然を捉《とら》えなおす」）

(1) ――線①「人以外の……生活しています。」とありますが、それはなぜですか。

（　　　　）

(2) ――線②「カラスにとって……相手です。」とありますが、それはなぜですか。答えになる一文を本文中からさがし、初めの五字をぬき出しなさい。

ステップ2

時間	合格点	得点
25分	70点	点

勉強した日 月 日

1 次の文章を読んで、あとの問いに答えなさい。

彼《かれ》は、田舎《いなか》の小学校で教師《きょうし》をしていましたが、もっと出世をしたいと思い都会に出ることにしました。小学校の生徒達は別れを惜《お》しみ、お金を出し合って、彼に＊懐中《かいちゅう》時計を贈《おく》りました。彼はその時計に励《はげ》まされるように勉強し、難関《なんかん》の試験に合格《ごうかく》して、出世をしていきました。そのうち、その旧型《きゅうがた》で大きな安時計を気恥《きは》ずかしく感じるようになり、古道具屋に売ってしまいました。そして、昔のことを考えることすら苦痛《くつう》と思うようになりました。

彼は、あの大きな旧型の時計を売ってから、その後いくたび時計を取り換《か》えたでありましょう。

最近まで持っていた金時計は、彼が、ある夜のこと、ねじをすこし強く巻《ま》いたかと思うと、ぜんまいが切れてしまいました。①さっそく、修繕《しゅうぜん》はしたものの、もはや、その故障《こしょう》の起こった時計をいつまでも持っている気にはなれなかったのです。

それで、彼は、プラチナの時計にそれを換えたのでありました。高価《こうか》なプラチナの時計は、いま彼の持っている時計でありますが、やはり完全の機械ではないとみえて、標準時《ひょうじゅんじ》より一日に三分間おくれるのでありました。

彼には、なにより自分が、完全な最良な時計を持っていないという不満がありました。(中略《ちゅうりゃく》)しかし、後になっては、どうしても三分間遅《おく》れるということを確《たし》かめると、それでも自分の時計は正確《せいかく》だ、標準時のほうがまちがっているとはいえなくなって、彼はどうしたら真に正確な時計が得られるかと、茫然《ぼうぜん》いすにもたれながら、べつに自分はすることもないので、そんなことを妄想《もうそう》していたのであります。

ある日、みんなの仕事の休み時間に、彼はポケットから、プラチナの時計を取り出して、どうして遅れるのだろうということを、ため息といっしょにだれに向かっていうとなく、歎《たん》じたのでありました。

これを聞いていた下級の人たちは、口々に合いづちを打って、

「私《わたし》どもの時計は、どうせ安物ですが、七分も進みます」と一人がいうと、また、一人は、

「私のは振《ふ》り止《ど》まりがする……」といって、みんなを笑わせました。

「七分ならいいが、僕《ぼく》のは、十分も遅れる」と、あちらでい

ったものもあります。

このとき、やはり、彼らの中の一人で、「僕の時計は、感心に正確です」と、いったものがありました。

重役は、プラチナの時計を握《にぎ》ったまま、こういったものの方をながめました。しかし、彼の目は、どこやらに侮蔑《ぶべつ》を含《ふく》んでいました。

(標準時に合わせれば、やはり狂《くる》っているのだ)と、心の中で笑ったからです。

このとき、彼は、それを言葉には表さずに、ものやさしく、「どれ、君の時計を、ちょっと見せたまえ」といいました。

自分の時計を正確だといった男は、急に、恐縮《きょうしゅく》してしまいました。

「私のは、ごく旧式で、大きい型のです」といって、頭をかくと、みんなが声をたてて笑いました。

その男は、べつに、臆《おく》するところなく、自分の時計を重役の前に持っていって、テーブルの上においたのであります。

彼は、男の差し出した時計を手に取ってながめていました。そして、ふいに、裏側のへこみに目を止めると、②驚《おどろ》きのために、その顔色は変わったのでした。

(小川未明《おがわみめい》「小さい針《はり》の音」)

＊懐中時計＝ふところやポケットに入れて携帯《けいたい》する小型の時計。

(1) ——線①「さっそく……なれなかったのです。」とありますが、その理由を述《の》べている部分を、「があるから。」に続くように二十字以内でぬき出しなさい。(35点)

□□□□□□□□□□□□□□□□□□□□があるから。

(2) ——線②「驚きのために……変わったのでした」とありますが、それはどんなことに気づいたからですか。(35点)

（　　　　）

(自修館中—改)

2 次の文章を読んで、あとの問いに答えなさい。

自然は全体でひとつの体系《たいけい》をつくりだしている。森は川をつくり、川は海をつくる。数年の回遊を終えて川へと戻《もど》ってくる鮭《さけ》は、その全体系のなかで生きているのである。それは鮭だけにかぎらない。□森から流れでる水にふくまれた吸収《きゅうしゅう》しやすいミネラルが植物性プランクトンを繁殖《はんしょく》させ、ここにはじまる食物連鎖《しょくもつれんさ》の世界が、海洋の生物たちをも生育させているのだから。

(内山《うちやま》節《たかし》「森にかよう道」)

問 □にあてはまる言葉を次から選び、記号で答えなさい。(30点)

ア そして　イ けれども
ウ ところで　エ なぜなら

（　　）

7 言いかえの関係をおさえる

学習のねらい
言いかえられたりくり返し述《の》べられたりする言葉や内容《ないよう》に注意し、そこに込《こ》められた筆者の意図や意味を読み取れるようにする。

勉強した日　月　日

ステップ1

1 次の文章を読んで、あとの問いに答えなさい。

鎌倉《かまくら》は神奈川《かながわ》県の南東部に位置し、相模湾《さがみわん》にのぞむ人口十七万ほどの市である。現在《げんざい》では湘南《しょうなん》を中心として、海のレジャーなどでも人気が高いが、十二世紀末から十四世紀にかけての約百五十年間、幕府《ばくふ》が置かれ、京都《きょうと》の朝廷《ちょうてい》に対するもう一方の政治《せいじ》の中心地として栄えた。政治をになったのは初期は源《みなもとの》 頼朝《よりとも》とその二人の子ども、そしてこの源氏《げんじ》が三代で絶《た》えたあとは、北条《ほうじょう》氏が＊執権《しっけん》として政務《せいむ》をとった。いずれも武《ぶ》士《し》のかしらとしてである。

先日、私《わたし》は久しぶりにこの武家の都を訪《たず》ねた。JR鎌倉駅から鶴岡八幡宮《つるがおかはちまんぐう》に向かう、いわゆる小町《こまち》通りは観光客でごったがえしている。修学《しゅうがく》旅行生のすがたも多い。

＊執権＝鎌倉幕府の政所《まんどころ》の長官。

問　――線「鎌倉」を言いかえた二つの言葉を、六字と四字でぬき出しなさい。

□□□□□□・□□□□

2 次の文章を読んで、あとの問いに答えなさい。

かつて多くの人が指摘《してき》する日本の自然、日本の森林の抱《かか》える問題には、乱開発《らんかいはつ》があった。＊野放図に森が伐《か》られることへの批判《ひはん》は根強かった。

しかし現在の日本の国土は、有史以来、最大の森林面積、最大の森林率《りつ》(国土に占《し》める森林面積)を誇《ほこ》る。むしろ室町《むろまち》時代から江戸《えど》時代にかけて森林の過度《かど》な利用が行われたことを知ってほしい。そして明治時代には、各地に＊禿山《はげやま》が広がっていたのである。

江戸時代は鎖国状態《さこくじょうたい》の中で人口増《ぞう》が進み、木材の調達だけでなくエネルギー源としても森林は酷使《こくし》された。日々の煮炊《にた》きや暖房《だんぼう》はもちろん、製鉄《せいてつ》から製陶《せいとう》まで多くの産業用に薪《たきぎ》や木炭を利用したからである。

（田中淳夫《たなかあつお》「森林異変《いへん》　日本の林業に未来はあるか」）

＊野放図＝際限《さいげん》のないこと。　＊禿山＝草木の生えていない山。

問　――線「乱開発」を言いかえた言葉を、第一の段落《だんらく》と第二の段落から一つずつぬき出しなさい。

（　　　　）

（　　　　）

3 次の文章を読んで、あとの問いに答えなさい。

ペットを飼《か》っている人はよく分かると思いますが、犬や猫《ねこ》もとても豊《ゆた》かな感情表現《かんじょうひょうげん》をするものです。主人が帰宅《きたく》したらシッポを振《ふ》って嬉《うれ》しそうにしますし、叱《しか》ったらしょんぼりしたりもします。そういった感情表現があるからこそ、またかわいらしく思えたりするのでしょう。

しかし犬と人間を比《くら》べた場合、決定的に違《ちが》うのはその感情の種類なのです。人間は他の動物と比較《ひかく》して、圧倒《あっとう》的に喜怒《きど》哀楽《あいらく》を含《ふく》めた感情のレパートリーが多い。これはチンパンジーやオランウータンなどの霊長《れいちょう》類と比べても、その差は歴然としています。霊長類の研究者たちも、動物は高等なものになればなるほど感情のレパートリーが増《ふ》えていくと結論《けつろん》づけています。

人間にしか持ち得ない複雑《ふくざつ》な感情、たとえば、ひいきの野球チームが勝ったら、嬉しくてみんなで大騒《おおさわ》ぎする。恋人《こいびと》が他の異性《いせい》と話をするだけで嫉妬《しっと》する。思いを寄《よ》せる人に告白する時の何ともドキドキとした気持ち。こういった複雑な多種多様の感情を、人間は自分では気づかないくらいのスピードで生み出しているのです。

（茂木健一郎《もぎけんいちろう》「感動する脳《のう》」）

問　——線「喜怒哀楽を含めた感情のレパートリー」を言いかえた言葉を、四番目の段落からさがし、十字でぬき出しなさい。

□□□□□□□□□□

4 次の文章を読んで、あとの問いに答えなさい。

昆虫《こんちゅう》は胸《むね》が三つあるから、翅《はね》も三対《つい》あっても構造《こうぞう》的にはおかしくない。ただし、機能《きのう》的には翅が三対あると飛び難《にく》い。おそらく昆虫の翅は飛ぶために生えたものではなく、最初は何か別の機能を有していたと考えられる（中略《ちゅうりゃく》）。おそらくすでに存在《そんざい》していた遺伝子《いでんし》たちの使い方に変化が生じて、短期間に翅が出来た。翅は最初は邪魔《じゃま》だったのかもしれないが、しばらくしてから機能を発見したのだろう。はじめは飛ぶことは別の機能を果たしていたのだが、しばらくしてから飛ぶのにいちばん役に立つということになったのであろう。つまり、大きな進化に関しては、［①］の変化が先で、［②］的変化が後、ということなのだと思う。

（池田清彦《いけだきよひこ》「38億年　生物進化の旅」）

問　［①］・［②］にあてはまる漢字二字の言葉を本文中からさがし、それぞれぬき出しなさい。

①　□□

②　□□

ステップ2

勉強した日　月　日

時間 25分　合格点 70点　得点　点

1 次の文章を読んで、あとの問いに答えなさい。

雑草《ざっそう》と呼《よ》ばれる植物の祖先《そせん》が現《あらわ》れたのは、氷河期の終わりごろであるといわれている。氷河の跡《あと》にできた不毛の土地が、彼《かれ》らの最初の生息の場だったのである。そして、氷河期が終わり、環境《かんきょう》が大きく変化する不安定な時代になると、洪水《こうずい》が頻繁《ひんぱん》に起こる河原《かわら》や土砂崩《どしゃくず》れ後の山の斜面《しゃめん》など、予測不能《よそくふのう》で、大型の植物が生えない場所が出現《しゅつげん》した。そこが雑草の棲《す》みかとなっていったのである。

ところが、人間が現れると、雑草の生活は一変する。木が切られ、村ができると、人びとに踏《ふ》みつけられたところは大きな植物は生えることができない。森が拓《ひら》かれ農耕《のうこう》が始まると、草取りもおこなわれる。こうして人間が環境を改変し、次々と予測不能な環境が作られたのである。新石器時代の遺《い》跡《せき》からは、すでに雑草の種子が発掘《はっくつ》されている。人類が人間としての歴史を刻《きざ》み始めたとき、そこには、もう道ばたの雑草があったのである。そして、人類が生息環境を広げていくにつれて、雑草たちもその分布《ぶんぷ》を広げていった。いまや雑草は私《わたし》たちの身の回りの、ありとあらゆるところを棲みかとしている。好むと好まざるとにかかわらず、①雑草は私たち人類とともに、繁栄《はんえい》を遂《と》げてきたのである。雑草は予測不能な乱《らん》世《せ》を好む植物である。いまや、身の回りは「予測不能な環境」であふれている。まさに雑草たちの時代がやってきたのである。

人類が作りだした都市という環境は、特殊《とくしゅ》な環境である。土もなく、水も少ない。人や車が、引っ切りなしに通っていく。自然界を生きる植物にとって、都会はけっして②「住みやすい場所」とは言えないだろう。しかし、過酷《かこく》な環境であるということは、それだけ敵《てき》が少ないということである。ライバルとなる植物も少ないし、生存《せいぞん》を脅《おびや》かすような害虫も少ない。もし、都会という厳《きび》しい環境に適応《てきおう》することさえできれば、そこはライバルも天敵もいない楽園となるのである。ナンバー1の実力を持つ強い植物にとって、都市は住むべき環境ではない。しかし、弱肉強食の生存競争のなかで、勝ち抜《ぬ》くことのできない弱い植物たちにとって都市は、③生存の可能《かのう》性がある魅力《みりょく》的な場所である。逆境《ぎゃっきょう》に挑《いど》む「雑草」と呼ばれる植物にとって、都市は、生き残り戦略《せんりゃく》が試《ため》される場所である。ライバルとなる植物はいない。ただ求められるのは、都市という厳しい環境を乗《の》り越《こ》える［④］なのである。

（稲垣栄洋《いながきひでひろ》「都会の雑草、発見と楽しみ方」）

(1) ――線①「雑草は……遂げてきた」とありますが、これと同じ内容《ないよう》を述《の》べた部分をぬき出し、初めと終わりの四字を書きなさい。(20点)

□□□□〜□□□□

(2) ――線②「住みやすい場所」とありますが、植物にとってどういう場所のことですか。「環境。」に続くように、二十字以内で書きなさい。(20点)

環境。

(3) ――線③「生存の可能性がある魅力的な場所」とありますが、都市が「弱い植物たち」にとって、そのようにいえるのはなぜですか。三十字以内で書きなさい。(25点)

(4) ④にあてはまる言葉を次から選び、記号で答えなさい。(10点)

ア　活動　　イ　壁《かべ》

ウ　カ　　エ　知恵《ちえ》

（　　）

(かえつ有明中―改)

---

2 次の文章を読んで、あとの問いに答えなさい。

電車はすいていて、私《わたし》は赤紫《あかむらさき》色の座席《ざせき》にすわった。外はすごく晴れていて、電車の中もあかるくて気持ちがいい。私は、まっぴるまの電車というのが好きである。乗っているのはたいていおばさんか子供《こども》で、朝夕の通勤《つうきん》電車とは全然ちがう。音までちがう。昼間の電車はちゃんと、昔ながらの、がたんごとんという音で走るのだ。通勤電車は音もなくさあっと走る、ような気がする。まっぴるまの電車に乗ると、生活が少し好きになる。偶然《ぐうぜん》おなじ車両に乗りあわせた人たちを、私は少し愛してしまう。

ところが、である。この日は私の目の前に、サラリーマン風の男の人が立っていたのだ。こんな時間にどうして、と思ったが、立っているものは仕方がない。私のなかに、憎悪《ぞうお》がわく。通勤電車側の人間。一体どうして、この人はすわらないのだろう。むこうに席がいくつもあいているのに。私はイライラしてしまう。しかも、悪いことに、その人は結婚指輪《けっこんゆびわ》をしていたのだ。

(江國《えくに》香織《かおり》「ぬるい眠り」)

問　――線「サラリーマン風の男の人」とありますが、「私」はこの人をどのような人間としてとらえていますか。本文中から八字の言葉をぬき出しなさい。(25点)

8 対比《たいひ》をつかむ

学習のねらい

二つの事がらの中で、何が対比されているかをつかむことが大切。ちがいが強調されているか所に気をつけて読み取れるようにする。

勉強した日　月　日

ステップ1

1 次の文章を読んで、あとの問いに答えなさい。

源氏《げんじ》と平家《へいけ》は、武士《ぶし》のかしらとして勢力《せいりょく》を競《きそ》い合《あ》った。源氏は第五十六代清和天皇《せいわてんのう》の子孫であり、平家は第五十代桓武《かんむ》天皇の血すじにつらなる。血統《けっとう》としてはどちらもひけをとらない。源氏は、源《みなもと》頼義《よりよし》・義家《よしいえ》のとき、東北地方の反乱《はんらん》をしずめて東国に勢力のきそを築《きず》き、平家は伊勢《いせ》地方から出て西国で力をのばした。両者は源義朝《よしとも》(源氏)、平《たいらの》清盛《きよもり》(平家)のとき、ついに武力で争うことになり、清盛が勝っていちやく政治《せいじ》の中心におどり出た。だが、「おごる平家は久《ひさ》しからず」の言葉どおり、あまりに他をかえりみないごうまんなやり方が人々の反発を買い、とうとう平家は義朝の子・源頼朝《よりとも》によってほろぼされることになる。この源平合戦で大活躍《かつやく》したのが、頼朝の弟・源義経《よしつね》である。頼朝は名実ともに武士のかしらとなり、鎌倉《かまくら》に幕府《ばくふ》を開いて、初めて本格《ほんかく》的な武士の政権《せいけん》をつくり上げたのである。

問　次の（　）にあてはまる言葉を書き入れなさい。

・源氏…①清和天皇の子孫・②（　　　　）で力をのばした・③源頼朝が鎌倉幕府を開いた

・平家…①（　　　　）天皇の子孫・②西国で力をのばした・③（　　　　）が政権をにぎった

2 次の文章を読んで、あとの問いに答えなさい。

日本の家は、基本《きほん》的に軸組構法《じくぐみこうほう》と呼《よ》ばれる。柱と梁《はり》＊を組み合わせて屋根を支《ささ》える建て方だ。壁《かべ》は軸組の間に張《は》られる。板の場合もあるが、壁土が一般《いっぱん》的だった。（中略《ちゅうりゃく》）

ややこしいのは、主に和室で採用《さいよう》されていたのは、軸組構法の中でも①真壁《しんかべ》構法と呼んだ柱など構造《こうぞう》材を見えるように組む構法であることだ。和室に入って見回せばわかるだろうが、部屋の隅《すみ》、あるいは角には、たいてい柱が見えるはずだ。以前は襖《ふすま》で部屋を区切っていたので、襖を取り外すと、四方から柱が見えた。だから、どこから見ても節がない四方無節という柱が役物《やくもの》＊の頂点《ちょうてん》になったのである。

ところが洋室の場合はどうだろうか。室内に柱は見えないはずだ。壁はクロス＊が張られるが、それは柱の上も覆《おお》う。こうした柱や梁を見せない構法を②大壁《おおかべ》構法と呼ぶ。

（田中淳夫《たなかあつお》「森林異変《いへん》　日本の林業に未来はあるか」）

＊梁＝屋根を支えるために、柱の上にわたされる横木。

＊役物＝建築《けんちく》材料で、見映《みば》えのよい高価《こうか》な材料。
＊クロス＝加工した布《ぬの》。

問 ――線①「真壁構法」、②「大壁構法」とありますが、それぞれ、どのような構法ですか。①は二十字以内、②は十字以内で本文中からぬき出しなさい。

①

②

3 次の文章を読んで、あとの問いに答えなさい。

ウシとウマが同じ牧場で同じ草を食っている。けれどウシとウマの食べかたはまったくちがうのだそうである。

とにかく草は繊維《せんい》質が多く、消化しにくい。ウシはその草を徹底《てってい》的に消化して、必要な栄養分をとるために、胃を四つの部分に分け、第一と第二胃にバクテリアなどを共生させてそれに草を消化させることにした。

消化しきれていないものはもう一度吐《は》き戻《もど》し、それをまた呑《の》みこんで第一、第二胃を通し、完全に消化できるまでじっくりと時間をかける。いわゆる反芻《はんすう》だ。

ウマはちがう。反芻胃などないウマは、次から次へと草を食べて、腸の終わりの部分で消化して栄養を吸収《きゅうしゅう》する。消化しきれなかった分は惜《お》し気《げ》もなく糞《ふん》にして捨《す》ててしまう。

（日高敏隆《ひだかとしたか》「動物は何を見ているか」）

問 ウシとウマの食べかたのちがいは、あるものの有無が大きな原因《げんいん》になっています。そのあるものを、本文中から三字でぬき出しなさい。

4 次の文章を読んで、あとの問いに答えなさい。

この焼肉とキムチの印象が強いため、韓国《かんこく》料理は日本食とはどう見ても異質《いしつ》な料理体系《たいけい》のような印象が強い。

しかし、もっと様々な料理を知り、その調理法を教わっていくと、どちらかというと日本料理に近い料理体系ではないかという思いの方が強まってくる。トウガラシ、ニンニク、胡麻《ごま》油など日本料理ではあまり用いない調味料を多用するため、違《ちが》うものだと思いがちなのだが、調味料、香辛《こうしん》料という皮を剝《は》ぐと、煮付《につ》けであったり、和《あ》え物《もの》であったり、焼き魚であったりと調理法では似《に》たようなものだ。韓国の料理の側からいうと、中国よりも確実《かくじつ》に日本に近い体系である。

（森枝卓士《もりえだたかし》「東方食見聞録」）

問 韓国料理と日本料理の違うところと近いところを書きなさい。

① 違うところ（　　）

② 近いところ（　　）

ステップ2

勉強した日　月　日

時間 25分　合格点 70点　得点　点

1 次の文章を読んで、あとの問いに答えなさい。

テレビニュースにも、いろいろな種類があります。

例えば、放送時間によってニュースの性格《せいかく》も変わってきます。世の中は昼間活動している人が多いので、その日の主なニュースは夕方までに出そろいます。これを①夜のニュースで伝えるのですから、一日のニュースとしては、やはり夜のニュースがいちばん充実《じゅうじつ》しているということになります。その日の大きなニュースをコンパクトにまとめたり、分析《ぶんせき》・解説《かいせつ》したりするのが夜のニュースの特徴《とくちょう》です。

では、②朝のニュースはどうでしょうか。

朝のニュースの特徴は、海外ニュースが入ることでしょう。時差があるので、深夜の最終ニュースでは伝えられなかった海外の主な動きも、この時間なら入ります。海外と取り引きをする仕事をしている人にとっては、朝のニュースは欠かせないものです。ただし、国内のニュースに関しては、前の日のニュースを整理したり、今後の予測《よそく》や見通しを伝えたりということが中心になります。

（中略《ちゅうりゃく》）

放送の次は、新聞について考えましょう。

テレビやラジオのニュースと新聞とのいちばんのちがいは、情報《じょうほう》を伝える速さです。事件《じけん》が起きてから伝えられるまでの時間は、朝刊《ちょうかん》と夕刊に限《かぎ》られている（号外を除《のぞ》いて）新聞と、一日に何度も放送されるテレビやラジオのニュースとでは差が出て当然でしょう。もう一つのちがいは、伝える方法のちがいです。③音声や映像《えいぞう》が中心になっているテレビやラジオのニュースと、活字や写真が中心になっている新聞とでは、受け止め方がちがってきます。テレビやラジオのニュースでは、一度きりの音声や映像でニュースを受け止めますから、印象としては強く残ります。それに対して新聞では活字や写真でニュースを受け止めますから、何度も読み返して意味を深く考えることができます。

④この「何度も読み返す」ということが、ニュースを受け止めるうえでは大切なことなのです。第一次情報には、意味はあたえられていません。それを音声や映像、活字や写真で切り取ることで初めて、ニュースを「伝える側の意図」が生まれてくるのです。音声や映像の場合は、一度きりだからこそ「より印象的に」伝えようとします。活字や写真の場合は、何度も読み返せるからこそ「より意味のあるように」伝えようとします。

（池上《いけがみ》彰《あきら》「メディア・リテラシー入門」）

(1) ——線①「夜のニュース」と②「朝のニュース」の特徴を、それぞれ書きなさい。（15点×2—30点）

①　夜のニュース（　　　）

②　朝のニュース（　　　）

(2) ——線③「音声や……ちがってきます。」とありますが、「テレビやラジオのニュース」と「新聞」のニュースの受け止め方のちがいからくる特徴を、それぞれ書きなさい。（15点×2—30点）

①　テレビやラジオのニュース（　　　）

②　新聞のニュース（　　　）

(3) ——線④「この……大切なことなのです。」とありますが、筆者がこう考えるのはなぜですか。次の□にあてはまる十字の言葉を、本文中からぬき出しなさい。（20点）

・活字や写真は何度も読み返せるからこそ、伝える側は□伝えようとするから。

2 次の文章を読んで、あとの問いに答えなさい。

木にのぼって柿《かき》をとったり、清らかな川で泳いだり、山の尾根《おね》づたいに戦争ごっこをして遊んだり、……地方の子供たちは、そういう生活のあいだに、おのずからガキ大将《だいしょう》や子分の役割《やくわり》をうけ持って、社会生活や生存《せいぞん》競争を学びこそしますが、都会の子のように、早くから大人の顔色を読むようなことはおぼえません。

都会の子にとっては、大人の顔色を読むことが、お菓子《かし》を沢山《たくさん》喰《た》べたいという欲望《よくぼう》を満足させるために必要なばかりではなく、戦争ごっこやキャッチボールやプールでの水泳のためにさえ、たえず大人の許可《きょか》を必要とします。何故《なぜ》なら子供の遊びの空間は、大人の持っている空間を貸《か》してもらうことに他ならないからです。

（三島由紀夫《みしまゆきお》「不道徳教育講座《こうざ》」）

問　——線「地方の子供たち」と「都会の子」とは、どんなところがちがうのですか。次の□にあてはまる言葉を、本文中から十字以内でぬき出しなさい。（20点）

・□ようなことを早くからおぼえるかどうかということ。

ステップ3

時間	合格点	得点
45分	70点	点

勉強した日　月　日

1 次の文章を読んで、あとの問いに答えなさい。

〔うずのしゅげは、植物学ではおきなぐさと呼《よ》ばれます。〕

私《わたし》は去年のちょうど今ごろの風のすきとおったある日の昼間を思い出します。

それは小岩井《こいわい》農場の南、あのゆるやかな七つ森のいちばん西のはずれの西がわでした。かれ草の中に二本のうずのしゅげがもうその黒いやわらかな花をつけていました。

まばゆい白い雲が小さな小さなきれになって砕《くだ》けてみだれて空をいっぱい東の方へどんどんどんどん飛びました。

お日さまは何べんも雲にかくされて銀の鏡のように白く光ったり、またかがやいて大きな宝石《ほうせき》のように青空の淵《ふち》にかかったりしました。

山脈の雪はまっ白に燃《も》え、眼《め》の前の野原は黄いろや茶のしまになって、あちこち掘《ほ》り起こされた畑は鳶《とび》いろの四角なきれをあてたように見えたりしました。

おきなぐさはその変幻《へんげん》の光の奇術《トリック》の中で夢《ゆめ》よりもしずかに話しました。

「ねえ、雲がまたお日さんにかかるよ。そら向こうの畑がもう影《かげ》になった。」

「走って来る、早いねえ、もうから松も暗くなった。もう越《こ》えた。」

（中略《ちゅうりゃく》）

「またお日さんへかかる。暗くなるぜ、奇麗《きれい》だねえ。ああ奇麗。雲のへりがまるで虹《にじ》で飾《かざ》ったようだ。」

西の方の遠くの空でさっきまで一生懸命《いっしょうけんめい》鳴いていたひばりが、この時風に流されて、羽を変にかしげながら二人のそばに降《お》りて来たのでした。

「今日は、風があっていけませんね。」

「おや、ひばりさん、いらっしゃい。今日なんか高いとこは風が強いでしょうね。」

「ええ、ひどい風ですよ。大きく口をあくと風が僕《ぼく》のからだを［①］ビールびんのようにボウと鳴らして行くくらいですからね。わめくも歌うも容易《ようい》のこっちゃありませんよ。」

「そうでしょうね。だけどここから見ているとほんとうに風はおもしろそうですよ。僕たちも一ぺん飛んでみたいなあ。」

「②<u>飛べるどこじゃない。もう二ヶ月お待ちなさい。いやでも飛ばなくちゃなりません。</u>」

それから二ヶ月目でした。私は御明神《ごみょうじん》へ行く途中《とちゅう》、もう一ぺんそこへ寄《よ》ったのでした。

丘《おか》はすっかり緑でほたるかずらの花が子供《こども》の青い瞳《ひとみ》のよう、

小岩井の野原には牧草や燕麦《オート》がきんきん光っておりました。風はもう南から吹いていました。

春の二つのうずのしゅげの花はすっかりふさふさした銀毛の房《ふさ》にかわっていました。野原のポプラの錫《すず》いろの葉をちらちらひるがえし、ふもとの草が青い黄金《きん》のかがやきをあげますと、その二つのうずのしゅげの銀毛の房はぷるぷるふるえて今にも飛び立ちそうでした。

そしてひばりが低く丘の上を飛んでやって来たのでした。

「今日は。いいお天気です。どうです。もう飛ぶばかりでしょう。」

「ええ、もう僕たち遠いとこへ行きますよ。どの風が僕たちを連れて行くかさっきから見ているんです。」

「どうです。飛んで行くのはいやですか。」

「なんともありません。③僕たちの仕事はもう済《す》んだんです。」

「こわかありませんか。」

「いいえ、飛んだってどこへ行ったって野原はお日さんの光で一杯《いっぱい》ですよ。僕たちばらばらになろうたって、どこかのたまり水の上に落ちようたって、お日さんちゃんと見ていらっしゃるんですよ。」

（宮沢賢治《みやざわけんじ》「おきなぐさ」）

(1) ①にあてはまる言葉を次から選び、記号で答えなさい。(10点)

ア もしも　イ きっと　ウ まるで　エ 決して　（　　）

(2) ——線②「飛べるどこじゃない。……なりません。」とありますが、この言葉にこめられたひばりの気持ちとして最も適切《てきせつ》なものを次から選び、記号で答えなさい。(20点)

ア うずのしゅげはひばりも行けない天上へ行くのだと前向きにとらえながら、さけられない運命だと告げている。

イ 二ヶ月経《た》てばうずのしゅげは枯《か》れて死ぬのだから、生まれ変わってひばりにもなれるとなぐさめようとしている。

ウ 空に憧《あこが》れるうずのしゅげに、二ヶ月後うずのしゅげが飛ぶとき、ひばりの苦労がわかるだろうとほのめかしている。

エ やがてうずのしゅげも空を飛ぶが、そのとき離《はな》ればなれになる悲しみに気づいても遅《おそ》いと忠告《ちゅうこく》している。

（　　）

(3) ——線③「僕たちの仕事はもう済んだんです。」から読み取れる、うずのしゅげの気持ちを述《の》べた次の文中の□にあてはまる言葉を考え、八字以内で書きなさい。(20点)

・この世での自分の役割《やくわり》を終えて□気持ちであるとともに、自分を支《ささ》える周りのものに感謝《かんしゃ》するような気持ち。

（芝浦工業大柏中—改）

2 次の文章を読んで、あとの問いに答えなさい。

食べそこなった昼食をどこかでとろうと思い、マーケットの周辺をうろついていると、まるで火事に遭《あ》って焼け残ったようなバラックの前で、六、七歳《さい》のいかにもはしっこそうな男の子に、いらっしゃい、と呼《よ》びかけられた。

バラックは黒焦《くろこ》げの柱に古びたトタンが屋根としてのっているだけで、その中にいくつかの食物屋が寄《よ》り合い所帯のように入っている。私《わたし》を呼びとめた男の子は、その片隅《かたすみ》でテーブル三台分のそば屋をしている父親の、手伝いをしているらしかった。香港《ほんこん》でもそうだったが、このバンコクでも子供《こども》たちがよく働いていた。十歳以上にもなれば一人前に仕事をしていたし、それより小さくてもなんらかの手助けをしていた。しかし、この男の子くらいの幼《おさ》なさで一人前に店員としての仕事をこなしているのは、やはり相当に珍《めず》らしかった。

私は男の子の態度《たいど》にいくらか人ずれしたものを感じないではなかったが、①その健気《けなげ》さに打たれ、勧《すす》められるままにテーブルについた。注文したのはクェッティオ・ナム。ひもかわうどんによく似《に》たその麺《めん》は、私の昼の常食となっていた。

出されたクェッティオ・ナムは麺もスープもおいしそうだったが、一口食べてみて塩味がさっぱりきいていないことに気がついた。スープに塩を入れるのをうっかり忘《わす》れてしまったらしい。テーブルには、タイ独特《どくとく》の調味料であるナムプラーや醬油《しょうゆ》は置いてあるのだが、塩がない。

塩がほしい。親父《おやじ》にいくらそう言っても通じない。風貌《ふうぼう》から彼《かれ》らは＊華僑《かきょう》ではないかと思えたので、香港でよくやった筆談を試みることにした。紙に《塩》と書いてみたが、親父は首をかしげるばかりだ。どうしてわからないのだろう。しばらく考えて、それが略字《りゃくじ》であったことに気がついた。しかし正字を思い出そうとしても難《むず》かしすぎて出てこない。そこで私は、まず《白》と書き、次に《辛》と書いてみた。

すると親父はわかったらしく、ハンというように頷《うなず》いて、小皿に白いものをのせて持ってきてくれた。指で舐《な》めてみると、間違《まちが》いなく塩だった。

塩を加えたスープはおいしかった。一滴《いってき》も余《あま》さず飲《の》み干《ほ》すと、さすがに喉《のど》が渇《かわ》いてきた。冷たいコーラが飲みたくなり、注文すると、その店には置いてないらしく、男の子が走り出し、どこからか買ってきてくれた。

「タウ・ライ?」

いくら、と訊《たず》ねると、六バーツという答《こたえ》が返ってきた。相場は四バーツだからかなり高い。

ボラれたな、と思った。

このようないかにも生存競争《せいぞんきょうそう》が激《はげ》しそうな駅前食堂で手伝いをしているうちに、この男の子にも妙《みょう》な知恵《ちえ》がついてしまったのだろう。私は苦笑いしながら男の子に六バーツを渡《わた》し、麺の代金はいくらだと訊ねると、親父が怪訝《けげん》そうな顔をする。どうやらコーラだけでなく、全部ひっくるめて六バーツだったらしいのだ。それならむしろ安すぎるくらいである。②私は男の子に対してまったく無礼な考えを抱《いだ》いたことへの詫《わ》びのつもりで、ポケットにあった五十サタンをチップとして渡そうとした。しかし男の子はいらないと首を振《ふ》る。そうか、少なすぎるのか。私が一バーツを取り出すと、男の子ははっきりした声を上げて言った。

「ノー！」

それは幼ない子供とも思えないほど*毅然《きぜん》たる拒絶《きょぜつ》だった。

③私はバンコクに来てはじめてといえるほどの感動を受けた。その男の子は、チップなどいらない、あるいは貰《もら》いわれなどないということを、全身で表わそうとしていた。私は自分が受けた感動をどう表現《ひょうげん》していいかわからず、ただその利発そうな顔を見つめているばかりだった。

ふと、ザックの中の本に和紙でできたしおり人形がはさまっているのを思い出し、底の方から引《ひ》っ張《ぱ》り出して男の子に手渡すと、珍らしそうに裏《うら》や表を眺《なが》めていたが、私がそれをプレゼントしたいと身振りで伝えると、恥《は》ずかしそうな、それでいて嬉《うれ》しそうな笑いを浮《う》かべながら受け取ってくれた。

（沢木耕太郎《さわきこうたろう》「深夜特急　2」）

*華僑＝中国の本土から海外に移住《いじゅう》した中国人やその子孫。
*毅然＝意志が強くしっかりした様子。

(1) ——線①「その健気さ」とありますが、これはどんなことに対して筆者がいだいた感想ですか。それが述《の》べられている部分を、「～こと。」に続くように本文中から三十五字以内でぬき出し、初めと終わりの五字を書きなさい。(10点)

□□□□□ ～ □□□□□ こと。

(2) ——線②「私は……抱いた」とありますが、この「無礼な考え」の内容《ないよう》を述べた次の文中の A ・ B にあてはまる四字の言葉を、それぞれ本文中からぬき出しなさい。(10点×2—20点)

・男の子に A と思い、男の子には B がついてしまっているのだと考えたこと。

A □□□□　B □□□□

(3) ——線③「私は……受けた。」とありますが、筆者が受けた感動の内容として最も適切《てきせつ》なものを次から選び、記号で答えなさい。(20点)

ア 自分のした労働《ろうどう》に見合わないわずかばかりの金など受け取れないという男の子のプライドの高さ。
イ 金を余分《よぶん》に取ったと自分をうたがった人間から金などもらえないという男の子のまけずぎらいな態度。
ウ 六、七歳で働かなければならないほど貧《まず》しいのに、いわれのない金を受け取ろうとしない男の子のりっぱな態度。
エ 本当は金がほしくてたまらないのに、その気持ちをおさえようとする男の子のいじらしさ。

（　　）

9 事実と意見

学習のねらい

文末の表現《ひょうげん》や接続語《せつぞくご》に注目し、書かれている事がらを事実を述《の》べた部分と意見や考えを述べた部分とに分けてとらえることができるようにする。

勉強した日　月　日

ステップ1

1 次の文章を読んで、あとの問いに答えなさい。

江戸《えど》時代の日本は「鎖国《さこく》」といって、外国に対して国を閉《と》ざしていたと、以前はいわれていました。歴史の教科書にも、だいたいそのように書かれていたのです。

ところが、近年になってこれを否定《ひてい》する事実がいろいろとわかってきました。まず、昔の文書を調べてみると、鎖国を命じたはずの江戸幕府《ばくふ》は、江戸時代の終わりごろになるまで「鎖国」という言葉を使っていません。つまりこの言葉は、のちになって幕府の外国との付き合い方に対して使われるようになった「＊通称《つうしょう》」にすぎないわけです。そして、江戸時代の実態《じったい》を見てみると、実は長崎《ながさき》ではオランダ・中国と、＊蝦夷《えぞ》地ではアイヌ民族と、対馬《つしま》では朝鮮《ちょうせん》と、そして、＊薩摩《さつま》では琉《りゅう》球《きゅう》と交易《こうえき》が行なわれていました。

このようなことから、私《わたし》も鎖国はなかったといっていいのではないかと思っています。

＊通称＝いっぱんに通用している名前。
＊蝦夷地＝明治《めいじ》以前、北海道《ほっかいどう》や千島《ちしま》などをよんだ名前。
＊薩摩＝今の鹿児島《かごしま》県の西部にあたる国名。

問　筆者の考えが述《の》べられている一文を本文中からさがし、初めの五字をぬき出しなさい。

2 次の文章を読んで、あとの問いに答えなさい。

奈良盆地《ならぼんち》につくられた古代の平城京《へいじょうきょう》の復元模型《ふくげんもけい》をみたとき、これが本当に住みやすい都だったのだろうかと思ったことがあった。いうまでもなく平城京は、＊唐《とう》の都市づくりを模《も》した大規模《きぼ》な＊条里制《じょうりせい》の都としてつくられている。大極殿《だいごくでん》からまっすぐ伸《の》びる広い道を中心にして、碁盤《ごばん》の目のように人工的な都市がつくられた。東の外京《げきょう》には、興福寺《こうふくじ》、元興寺《がんこうじ》、後に東《とう》大寺《だいじ》が建てられてはいるものの、基本《きほん》的に条里のなかには、道路と家がぎっしりつまっているだけである。

（内山《うちやま》 節《たかし》「森にかよう道」）

＊唐＝七世紀初めから十世紀初めまで続いた中国の王朝。
＊条里制＝日本の古代の土地区画制度。

問　――線「これが……思った」とありますが、筆者がこのように考えたのは、どんな事実があるからですか。本文中から三十字以内でぬき出しなさい。

3 次の文章を読んで、あとの問いに答えなさい。

ボルネオの熱帯林に一度だけ足を踏《ふ》み入《い》れたことがあります。熱帯林内の宿泊施設《しゅくはくしせつ》に到着《とうちゃく》したのは辺りが真っ暗になってからでしたが、バスを降《お》りた途端《とたん》に耳に飛《と》び込《こ》んできたのは、虫とカエルたちが発する大音量の鳴き声でした。（中略《ちゅうりゃく》）

さて、熱帯林では早朝は鳥が鳴き、次にサルが鳴き、そしてその後は、日本のものなど比較《ひかく》にならないくらいの大音量でセミが鳴くこと、そして夜は虫とカエルの世界なのであり、いずれもうるさいほどであるということを、その後の滞在《たいざい》で身をもって知ったのですが、これらのことは、熱帯林では動物たちが強烈《きょうれつ》な自己主張《じこしゅちょう》をしていることを示唆《しさ》しています。とにかく大声で叫《さけ》ばないと、種内の音声コミュニケーションがとれないほど、競争が激《はげ》しいのだと考えられます。また熱帯での生物間の激しい競争は現代生態《げんだいせいたい》学の定説なのです。

（江崎保男《えざきやすお》「自然を捉《とら》えなおす」）

問　筆者が自分の意見を述べていることがわかる文末の表現を、本文中から六字でぬき出しなさい（句読点《くとうてん》は数えない）。

4 次の文章を読んで、あとの問いに答えなさい。

スズメはどこにでもいる。それこそ、ありふれた鳥である。家の出入口の軒先《のきさき》に巣をつくるツバメのほうが、日本では昔からずっとかわいがられてきた。

けれど、ツバメが家の出入口に巣をかけるのは、じつはスズメのおかげなのである。

街の鳥の研究をしている人たちの論文《ろんぶん》によると、ツバメはスズメを嫌《きら》っている。ひながいじめられたりするからだ。そこでスズメがやってこないところに巣をかけようとする。

スズメはいつも人間の近くにいるような気がするが、じつは人間をたいへん警戒《けいかい》している。人がたえず出入りする家の入口などには、絶対《ぜったい》に巣をつくらない。ツバメはスズメのこの性質《せいしつ》の裏《うら》をかいて、できるだけ人の出入りの多い家の軒先に巣をかけているのである。鳥たちの世界も、なかなか複雑《ふくざつ》なのだ。

（日高敏隆《ひだかとしたか》「ネコはどうしてわがままか」）

問　筆者の感想が述べられている一文をぬき出しなさい。

（　　　　　　　　　　）

ステップ2

時間 25分　合格点 70点　得点　点

勉強した日　月　日

1 次の文章を読んで、あとの問いに答えなさい。

[1] 今日の生物学では、「共生」という概念《がいねん》に疑問《ぎもん》が感じられている。昔考えられていたように、生物たちは生態系《せいたいけい》という一つのシステムを成しているわけではなく、それぞれの種を維持《いじ》するための社会組織《そしき》があるわけでもないらしいからである。（中略《ちゅうりゃく》）

[2] 人間が建物《たてもの》を建てるのは人間の利己《りこ》である。人間の目的に沿《そ》うように、そして多くの場合、建築家《けんちくか》のアーチストとしての満足感を満たすように、建築物は建てられる。

問題なのは、これがまったく一方的で、そこに何のせめぎあいもないことだ。

[3] これも近頃《ちかごろ》はやりの「環境《かんきょう》にやさしい」「地球にやさしい」建築物は、環境との調和をはかったとか、環境を汚染《おせん》しないように配慮《はいりょ》した建物ということであるように見える。けれど、ここで言われる環境とは何なのか？

考えてみると、環境とはきわめて漠然《ばくぜん》としたことばである。必ずしも自然を意味してはいない。大都市の中心部だったら、ビル街が「環境」である。田園地帯だったら、人間が開いた田んぼが「環境」である。けれど、ふつう「環境」と言うときには、多少とも自然なままの林とか山とか川とかを指していることもたしかである。だから、そこに人間の手が入ると「環境破壊《はかい》」と言われるのだ。

[4] 多少とも自然な環境の中では、どのようなことが起こっているのか？　そこでは生物たちの整然と調和した営《いとな》みが行われているのか？　残念ながら、けっしてそういうわけではない。そうではなくて、はじめに述《の》べたような、個々《ここ》の個体のきわめて利己的な闘《たたか》いがたえず展開《てんかい》しているのである。（中略）激《はげ》しい競争の中で、それぞれの個体は自分自身の子孫を残そうと必死になっているのである。

[5] これは自然の論理《ろんり》であって、人間が建築物を建てるときの論理とはまったくちがう。人間が建築物を建てるときは、土地を更地《さらち》にして、そこに建てる。建物の下から木が生えてきたりしたら、それこそ困《こま》る。そして建てた建物からは、自然の影響《えいきょう》を極力排除《はいじょ》しようとする。屋根や屋上に草が生えたら困るし、スズメが巣をかけても困る。そのようなことのない設計《せっけい》をせねばならない。これは人間の論理であって、建築物をつくるなら当然そうでなければならない。

[6] 問題は、建物のまわりである。環境にやさしく、自然にやさしくというのなら、建物のまわりは緑にしなければならない。

人間の論理と自然の論理のせめぎあいを期待するなら、ここしかない。

ふつう、緑というとまず芝生《しばふ》だ。これはたしかに緑ではあるけれど、自然の論理は完全に排除されている。芝生があっても、いろいろな草の種子がたえず風で飛んでくる。芝の間に落ちた種子は芽を出したい。芽を出して、花を咲《さ》かせて、自分の子孫を残したい。しかし、人間の論理は芝生を管理して、美しい芝生として保《たも》とうとする。そこで、生えてきた「雑草《ざっそう》」は引き抜《ぬ》かれてしまう。

芝生には木も植えたほうがよい。そのほうがいかにも自然らしく見える。しかし、この木も管理せねばならぬ。整然とした庭木を配してこそ造園《ぞうえん》である。ここでも人間の論理が勝って、自然の論理はつぶされる。したがって、二つの論理のせめぎ合いは起こりえない。

7 自然界に見られるみごとな「共生」が、じつは二つの生物の持つ異《こと》なる、そしてそれぞれに利己的な論理のせめぎあいの結果として到達《とうたつ》されたものであるとすれば、人間の論理だけでつくりだされた緑の庭は、けっして共生とは言えない。それは擬似《ぎじ》共生にすぎない。人々が擬似共生を共生だと思い込《こ》んでしまうようなことになったら、人間と自然、人間と環境の共生など、ますます遠のいてしまうだろう。

（日高敏隆《ひだかとしたか》「論理と共生」）

(1) 6段落《だんらく》の事例において、人間と自然の間に「共生」関係が成り立つ可能性《かのう》が絶《た》たれたことを示《しめ》すのは、どの時点においてですか。次から選び、記号で答えなさい。(30点)

ア 人間が芝生を植えた。
イ 様々な植物の種子が芝生に飛来した。
ウ 芝の上に落ちた種子が芽を出した。
エ 芝生に生えた雑草を人が引き抜いた。

（　　）

(2) (1)のように言えるのは、「共生」がどんなときに実現すると筆者が考えているからですか。次の文中の A ・ B にあてはまる言葉を、それぞれ 4 段落からぬき出しなさい。(30点)

・あくまでも自らの利益《りえき》を追求しようとする異種《いしゅ》同士の A が、 B のとれた力関係になったとき。

A ［　　］　B ［　　］

(3) ――線「それは擬似共生にすぎない。」とありますが、それはなぜですか。「緑の庭は、」という書き出しに続けて、三十字以内で書きなさい。(40点)

緑の庭は、［　　　　　　　　　　］

（青稜中―改）

10 段落《だんらく》の構成《こうせい》をつかむ

学習のねらい

段落ごとの内容《ないよう》をとらえ、接続《せつぞく》語や文末表現などを手がかりに、前後の段落との意味のつながりから、段落どうしの関係をとらえられるようにする。

勉強した日　月　日

ステップ1

❶ 次の文章を読んで、あとの問いに答えなさい。

1 横浜《よこはま》観光で最も魅力《みりょく》的な場所といえば中華街《ちゅうかがい》だろう。

2 観光のいちばんの楽しみは、なんといっても食べることである。この点では中華街は文句《もんく》なく横浜ナンバーワンといえる。なにしろ百数十件《けん》の中華料理店が軒《のき》を連ね、味を競《きそ》い合《あ》っているのだから。

3 もちろん観光には景観というものも重要になる。この点でも中華街のポイントは高い。一人でも多くの客を呼《よ》びこむために、各店は魅力的な外観をつくろうとしのぎをけずっている。おまけに、エリア内には中国風の寺院や公園もあり、初めて訪《おとず》れた人は「ここは中国か?」とおどろくほどである。

4 さらに、町ぐるみで春節《しゅんせつ》(中国の正月。旧暦《きゅうれき》でいわう)などのイベントを盛《も》り上げようと努めているうえに、最近では新しい遊びの空間も増《ふ》えている。かつては中華街で食事をして、終われば他の観光スポットに移《うつ》っていくという客が多かったが、近ごろではここで一日楽しむという人たちも多いらしい。

5 以上のようなことから、私《わたし》は横浜でいちばんの観光スポットは、やはり中華街だと思う。

問 筆者が自分の考えの理由を挙げているのは、どの段落とどの段落ですか。1～5の番号で全て答えなさい。

（　　　　）

❷ 次の文章を読んで、あとの問いに答えなさい。

1 ある言語が他の言語とどのくらい違《ちが》うものであるかを距離《きょり》で表すとして、北京《ぺきん》語と広東《かんとん》語の間の差、違いが一メートルだとすると、英語とフランス語などたいていのヨーロッパ語同士の差異《さい》は十センチの幅《はば》の中に納《おさ》まってしまうという話を聞いたことがある。

2 中国語ということでひとまとめにされる言葉が、それほど様々な言語を含《ふく》んでいて、それを統合《とうごう》させているのは漢字でしかないというのだ。僕《ぼく》たちが中国語の新聞を見ていても、ある程度《ていど》はどういうことを書いてあるか分かることがあるが、北京語と広東語の間の理解《りかい》もそんなものだというのである。

3 台湾《たいわん》で「中華料理」と呼ばれる様々なものを食べ続けて、ふと昔聞いたこんな言葉の話を思い出した。中華料理とひとまとめにしているものの間の差異もそんなものではないかと思えたのである。

（森枝卓士《もりえだたかし》「東方食見聞録」）

問　この文章で、筆者が最も言いたいことはどの段落に書かれていますか。1～3の番号で答えなさい。

［　　］

3 次の文章を読んで、あとの問いに答えなさい。

人間が自ら体験して知ることには限《かぎ》りがあります。でも本を読んでいくと、自分が知らない世界を、まるで目の前で見るように知っていくことができます。本によって〝体験〟できることも多いのです。本からどれだけ私はいろんなことを学んだだろうか、とよく思います。

それほど、本というものには力があります。この章では、本について考えてきたことをお話しします。

よく「人生を変えた一冊《さつ》」という雑誌《ざっし》の特集などがありますが、私の場合は、ひとつは、『続《ぞく》 地方記者』（朝日新聞社・絶版《ぜっぱん》）でした。小学校六年生のときに自宅《じたく》近くの書店で小遣《こづか》いで買った本です。新聞社の地方支局《しきょく》に配属《はいぞく》された記者たちの仕事ぶり、その哀歓《あいかん》を描《えが》いたドキュメントです。私は、ここに登場する記者たちの活躍《かつやく》ぶりに魅了《みりょう》されました。他社との抜《ぬ》きつ抜かれつの特ダネ競争のワクワク感。警察《けいさつ》より先に事件の容疑《ようぎ》者に接触《せっしょく》してしまう記者のスリル。

これぞ人生だ。子ども心に感激《かんげき》し、「将来《しょうらい》は地方で働く新聞記者になろう」と決意したのです。

当時、記者といえば新聞記者。テレビのニュースはほとんどなく、テレビ局にも記者がいることを知らなかったからです。大学四年生になって就職《しゅうしょく》活動の過程《かてい》で、「これからはテレビの時代かもしれない」と思うようになり、NHKを受験しました。NHKの記者は全員が地方勤務《きんむ》から始まることを知って、小学生時代からの夢《ゆめ》である地方記者になれると思ったからです。

地方記者は、警察から検察《けんさつ》、裁判《さいばん》所、市役所、県庁《けんちょう》、日銀、農協……と、あらゆる経験《けいけん》を積むことができます。記者としての基礎《きそ》基本を学ぶことができました。これが、いまの私を形作っていると思うのです。きっかけは一冊の本との出合い。まことに本は人生を変えるのです。

（池上《いけがみ》 彰《あきら》「学び続ける力」）

(1) 筆者が本の「力」について述《の》べている部分を本文中から四十五字程度でぬき出し、初めと終わりの五字を書きなさい。

［　　　　　］～［　　　　　］

(2) この文章で筆者が最も言いたいことがまとめられている一文をぬき出しなさい。

（　　　　　　　　）

ステップ2

時間 25分
合格点 70点
得点 点

勉強した日 月 日

1 次の文章を読んで、あとの問いに答えなさい。

1 知床《しれとこ》半島には、海に注ぐ川が九〇本近くあります。そしてその多くに、サケやマスがのぼります。なかには小さな急流のまま海に注ぐ川もありますが、①そんな川でも、河口《かこう》部にはサケやマスの姿《すがた》を見ることができます。

（中略《ちゅうりゃく》）

2 川で生まれたサケやマスの小さな稚魚《ちぎょ》は、オホーツク海や北太平洋を回遊して、ふたたび川に帰るころには、同じ種類とは思えないほど大きな姿に変わっています。わずか数センチの稚魚が、サケでは体長六〇～七五センチ、体重二・五～五キロ、カラフトマスでも体長五〇～六〇センチ、体重一～二・五キロにも大きくなって帰ってくるのですから、驚《おどろ》きです。北の海はいかに栄養分が豊富《ほうふ》かが、このことからもわかります。

3 このサケやマスが、川を埋《う》めるほどさかのぼってくるのです。春にはサクラマス、八月からはカラフトマスが、九月からはサケが、川に帰ってきます。とくにカラフトマスとサケの遡上《そじょう》する数は膨大《ぼうだい》で、これをねらってヒグマやオジロワシ、オオワシが川の流域《りゅういき》に集まってきます。知床のある川では、ヒグマの親子連れや単独個体《たんどくこたい》など複数《ふくすう》のグループが同時にあらわれて魚をとっています。

4 一一～一二月には、数十羽のオオワシが集まる川もあります。一年をつうじて同じ川に生息するシマフクロウにとっても、遡上するサケやマスは重要な食料です。ヒグマはサケやマスをたっぷり食べて、脂肪《しぼう》を蓄積《ちくせき》して冬眠《とうみん》に入ります。シマフクロウも餌《えさ》の少ない厳冬期《げんとうき》にそなえて、十分な栄養を秋のうちにたくわえます。知床で冬をすごすオオワシやオジロワシは、一月までのぼるサケを食べるほか、川の中で氷漬《こおりづ》けになったサケの死体を、それ以降《いこう》も食べることができます。氷漬けになった死体は、キタキツネも掘《ほ》り出して食べます。

5 ヒグマやワシが岸辺に引き上げ、食べ残した死体は、カモメやカラス、キタキツネなどが食べ、虫たちが食べて、骨《ほね》にしてしまいます。彼《かれ》らの落とした糞《ふん》や、分解《ぶんかい》されて土に帰った魚の死体は、土壌《どじょう》の栄養となり、森を育てます。その森は動物たちの住みかとなり、木の実など豊富な餌を、動物たちに供給《きょうきゅう》するのです。

6 ②川をのぼるサケやマスは、海の栄養を大量に陸域にもちあげるはたらきをします。流氷がはぐくんだ海の豊富な栄養は、陸上の動物たちを育て、知床の森を育てているのです。

（中川《なかがわ》元《はじめ》「世界遺産《いさん》・知床がわかる本」）

(1) ――線①「そんな川」とは、どんな川を指していますか。(20点)

（　　　　）

(2) ――線②「川を……はたらきをします。」とありますが、その具体例として本文中に書かれていることを次から二つ選び、記号で答えなさい。(20点)

ア 遡上したサケやマスは、ヒグマやシマフクロウ、オオワシ、オジロワシなどの餌になる。

イ 動物たちや虫たちがサケやマスを食べて落とした糞、土に帰った魚の死体が栄養になって森を育てる。

ウ 川の中で氷漬けになった死体はとけると川の底にしずみ、水とまざり合って、また海の栄養となる。

エ 食べ残された死体はやがて海まで流され、そこで大型の魚たちの餌となる。

（　　）（　　）

(3) (2)の具体例は、どこに書かれていますか。1～6の段落《だんらく》番号で、全て答えなさい。(20点)

（　　　　）

(4) 筆者の主張《しゅちょう》がまとめられている一文を、本文中からぬき出し、初めと終わりの五字を書きなさい。(20点)

□□□□□～□□□□□。

---

2 次の文章を読んで、あとの問いに答えなさい。

意識《いしき》とは、自分が何をしているかをある程度《ていど》知っていることです。(中略《ちゅうりゃく》)

その意識というものがなぜやってくるのか。人間の場合、意識を典型的に示《しめ》しているのは言語です。怪我《けが》をして倒《たお》れていて、意識があるのかないのかはっきりしない人でも、口をきいたらだいたいの人は意識がもどったというふうに考える。人の場合は言語がほとんど意識と等しく置かれています。

言語というものがどういうものかを知らないと、またわからなくなります。では言語とは何だろう。言語というものを非常《ひじょう》に短く表現《ひょうげん》すると、さまざまな脳《のう》の感覚をある意味で共通して使う機能《きのう》であるということになります。とくに近代言語は、簡単《かんたん》にいうと、目と耳、つまり視覚系《しかくけい》、聴覚系《ちょうかくけい》の二つの情報系《じょうほうけい》を共通処理《しょり》する規則《きそく》なのです。(中略)

そもそも、目から入ったものと耳から入ったものが共通に処理できるという保証《ほしょう》など、どこにもない。だから基本的《きほんてき》には、それは言語の共通処理の規則です。人間の脳は、勝手に目から入ったものと耳から入ったものを共通にすることができます。

(養老孟司《ようろうたけし》「まともバカ」)

問 「意識」についての筆者の考えがわかりやすく述《の》べられている一文をぬき出しなさい。(20点)

（　　　　）

11 主題をとらえる

勉強した日　月　日

学習のねらい　登場人物の心の動きや作者の視点《してん》に着目し、作者が表現《ひょうげん》しようとしていることの中心（主題）をおさえられるようにする。

ステップ1

1 次の文章を読んで、あとの問いに答えなさい。

「眼福《がんぷく》」という言葉がある。美しいもの、めずらしいものなどを見ることができた幸せ、という意味である。このような言葉があることからもわかるように、「見る」ことは人間にとって大いなる喜びなのだ。

もっとも、これにはかなり個人《こじん》差があるようだ。先日、乗っていた電車が、ぱっと海の見わたせる場所に出たときのこと。「わあ、海だ！」と向かいの席にすわっていた三人の若《わか》い女性《じょせい》たちは、歓声《かんせい》をあげていっせいに背後《はいご》の車窓《しゃそう》をふり返った。だが、真っ先に声を上げた一人は、ちらっと海をながめたなり、二度とふり返ろうとはしない。もう一人はしばらくながめを楽しんだ後、車窓から目をはなして最初の一人とおしゃべりを始めた。そして、残る一人は電車が海沿《うみぞ》いをはなれるまで、食い入るようにその景観をながめ続けたのだ。

私《わたし》はまちがいなく最後の一人と同じグループに属《ぞく》する人間だが、周囲には最初の一人の仲間も多いように思う。海のある景観をすばらしいと感じることにはさほど個人差があるようには思えない。一人一人がちがう、それこそが人間なんだな、と改めて感じさせられた瞬間《しゅんかん》であった。

問　上の文章の主題として最も適切《てきせつ》なものを次から選び、記号で答えなさい。

ア　すばらしい景観はじっくりとながめるべきである。
イ　人間はあまりに美しいものを見続けることはできない。
ウ　個性《こせい》的であることこそ人間のあかしである。
エ　人間の中には海好きもいるし山好きもいる。

（　　　）

2 次の文章を読んで、あとの問いに答えなさい。

味覚にも節操《せっそう》というものがある。時流に支配《しはい》されず、おのれの舌《した》に誠実《せいじつ》であるのをそう呼《よ》んでもよい。炭火で焼きあげた魚とガス火で焼いた魚では味がまったくちがう。私はいまだに炭火で焼いた魚しか食べない。したがって一流料亭《りょうてい》で出される焼魚《やきざかな》は一箸《はし》つけてしまいにする。ガス火で焼いてあるからである。炭火とガス火とでは、焼きあがりの色、輪郭《りんかく》がはっきり異《こと》なっている。私の場合これは自分の目と精神《せいしん》の問題で、三角を四角にみることは出来ない、といった単純《たんじゅん》なことにすぎない。単純だが複眼《ふくがん》であることにはまちがいない。

（立原正秋《たちはらまさあき》「旅のなか」）

問　右の文章の主題となる一文をぬき出しなさい。

（　　　　）

3 次の文章を読んで、あとの問いに答えなさい。

味噌《みそ》の味噌くさいのは、上等の味噌ではないそうであります。小説家くさい小説家、政治《せいじ》家くさい政治家、などというのも、あんまり出来のよくない部類であるらしい。

私の知っている或《あ》るアナウンサーで、街頭録音の係りを永《なが》くやっていた人がいて、これはまことにいい人物だが、困《こま》ったことに、ふだんの話し方が、まるでアナウンサーの口調なのです。

「時に、三島さん、おたずねしますが……」

などとやり出すと、すぐ意地悪な私が、

「オイオイ街頭録音じゃないよ。それにまだ君も若いのに、『時に』なんて言うもんじゃないよ」

と頭ごなしにやっつけるので、気の毒なほどしょげてしまいます。

芸術《げいじゅつ》家にしても、昔は芸術家らしい態度《たいど》や身なりをしていることが必要でした。この「らしい」というのと、「くさい」というのは、大へんちがっているのだが、又混同《またこんどう》されやすい。軍人だったら「軍人らしく」あるべきだが、「軍人くさい」のはやりきれない。しかも「らしく」「らしく」とつとめているうちに、一寸《ちょっと》油断《ゆだん》すると、いつのまにか「くさく」なっているのである。

（三島由紀夫《みしまゆきお》「不道徳《どうとく》教育講座《こうざ》」）

問　上の文章の主題を述《の》べた次の文中の［①］・［②］にあてはまる三字の言葉を、それぞれ本文中からぬき出しなさい。

・「らしい」と「［①］」は大ちがいだが、混同されやすい。「らしく」しようとつとめるうちに「［②］」ならないようにすべきだ。

①［　　　］　②［　　　］

4 次の文章を読んで、あとの問いに答えなさい。

「オリジナリティー」という言葉があります。「自分の出てきたところ＝オリジン」に由来するものです。「オリジナリティー」とは、「自分が本来持っているはずの独自《どくじ》性」なのです。日本人が、自分の足もとにある日本の歴史や文化や古典を軽視《けいし》したらどうなるでしょう？　自分が生まれてきたところをなんにも知らないままでいる日本人に、「国際《こくさい》社会の中でのオリジナリティー」はないのです。「顔の見えない日本人」という悪口は、こういうところに由来しているのではないかと思います。

（橋本《はしもと》　治《おさむ》「これで古典がよくわかる」）

問　右の文章の主題を、三十字以内でまとめなさい。

ステップ2

時間 25分
合格点 70点
得点 点

勉強した日 月 日

1 次の文章を読んで、あとの問いに答えなさい。

三四郎《さんしろう》は九州《きゅうしゅう》から上京し、帝大《ていだい》の学生になった。遠縁《とおえん》の研究者・野々宮《ののみや》を訪《たず》ね、同級生の与次郎《よじろう》と親しくなった。与次郎の寄宿《きしゅく》先の語学教師広田《ひろた》先生とは、不思議に縁がある。そして、あるとき偶然《ぐうぜん》に見かけた女性《じょせい》が気になっていた。

三四郎には三つの世界ができた。一つは遠くにある。与次郎のいわゆる明治《めいじ》十五年以前の香《か》がする。すべてが平穏《へいおん》である代《かわ》りにすべてが寝《ね》ぼけている。もっとも帰るに世話はいらない。もどろうとすれば、すぐにもどれる。ただいざとならない以上はもどる気がしない。いわば立退場《たちのきば》のようなものである。三四郎は脱《ぬ》ぎ棄《す》てた過去《かこ》を、この立退場の中へ封《ふう》じ込《こ》めた。なつかしい母さえここに葬《ほうむ》ったかと思うと、急にもったいなくなる。そこで手紙が来た時だけは、しばらくこの世界に低徊《ていかい》して旧歓《きゅうかん》をあたためる。

第二の世界のうちには、苔《こけ》のはえた煉瓦造《れんがづく》りがある。片《かた》すみから片すみを見渡《みわた》すと、向こうの人の顔がよくわからないほどに広い閲覧《えつらん》室がある。梯子《はしご》をかけなければ、手の届《とど》きかねるまで高く積み重ねた書物がある。手ずれ、指の垢《あか》で、黒くなっている。金文字で光っている。羊皮、牛皮、二百年前の紙、それからすべての上に積もった塵《ちり》がある。この塵は二、三十年かかってようやく積もった尊《とうと》い塵である。静かな明日に打ち勝つほどの静かな塵である。

第二の世界に動く人の影《かげ》を見ると、たいてい不精《ぶしょう》な髭《ひげ》をはやしている。ある者は空を見て歩いている。ある者は俯向《うつむ》いて歩いている。服装《なり》は必ずきたない。生計《くらし》はきっと貧乏《びんぼう》である。そうして*晏如《あんじょ》としている。電車に取り巻《ま》かれながら、太平の空気を、通天に呼吸《こきゅう》してはばからない。このなかに入る者は、現世《げんせ》を知らないから不幸で、*火宅《かたく》をのがれるから幸いである。広田先生はこの内にいる。野々宮君もこの内にいる。三四郎はこの内の空気をほぼ解《かい》しえた所にいる。出れば出られる。しかしせっかく解《げ》しかけた趣味《しゅみ》を思いきって捨《す》てるのも残念だ。

第三の世界はさんとして春のごとくうごいている。電燈《でんとう》がある。銀匙《ぎんさじ》がある。歓声《かんせい》がある。笑語《しょうご》がある。泡立《あわだ》つシャンパンの杯《さかずき》がある。そうしてすべての上の冠《かんむり》として美しい女性《にょしょう》がある。三四郎はその女性の一人に口をきいた。一人を二へん見た。この世界は三四郎にとって最も深厚《しんこう》な世界である。この世界は鼻の先にある。ただ近づき難《がた》い。近づき難い点において、天外の稲妻《いなずま》と一般《いっぱん》である。三四郎は遠くからこの世界をながめて、不思議に思う。自分がこの世界のどこかへはいらなければ、その世界のどこかに欠陥《けっかん》ができるような気がする。自分はこの世界のどこかの主人公であるべき資格《しかく》を有しているらしい。それにもかかわらず、円満の発達をこいねがうべきはずのこの世界がかえってみずからを束縛《そくばく》して、自分が自由に出入《でいり》すべき通路をふさいでいる。三四郎にはこれが不思議であった。

三四郎は床《とこ》のなかで、この三つの世界を並《なら》べて、互《たが》いに比《ひ》較《かく》してみた。次にこの三つの世界をかき混《ま》ぜて、そのなかから一つの結果を得た。——要するに、国から母を呼《よ》び寄《よ》せて、美しい細君を迎《むか》えて、そうして身を学問にゆだねるにこしたことはない。

（夏目漱石《なつめそうせき》「三四郎」）

＊晏如＝やすらかで落ち着いている様子。　＊火宅＝この世。現世。

(1) ——線「三つの世界」について説明した次の文中の①～③にあてはまる二字の言葉を、それぞれ本文中からぬき出しなさい。（45点）

・第一の世界は三四郎が捨て去ってきた①の世界で、母もここにいる。第二の世界は現在《げんざい》入りかけている②の世界で、広田先生や野々宮はここの住人である。また、第三の世界は現世の世界で、美しい③はここに属《ぞく》している。

①［　　］　②［　　］　③［　　］

(2) 三四郎は、「三つの世界」を混ぜ合わせた結果をどのように想像《そうぞう》していますか。それが書かれた一文をさがし、初めと終わりの四字をぬき出しなさい。（25点）

［　　　　］～［　　　　］。

2 次の文章を読んで、あとの問いに答えなさい。

私《わたし》は別に猫好《ねこず》きでもないのに、ずっと家に猫が居《い》る。

（中略《ちゅうりゃく》）

私は唯《ただ》それにボーッとしてえさをやって、ボーッとして見ていた。

そして、しょせん猫であるから、私は猫のことを、理解不《りかいふ》能《のう》のものとして、当たりさわりの無い様にあつかって来た。猫に気を入れると、ずぶずぶと泥沼《どろぬま》に足をとられる恐怖《きょうふ》もあった。

相手が口をきかない分だけ、人間のあらゆる思い入れを底無しにのみ込んで人間を一種の狂気《きょうき》に誘《さそ》い込む、誘い込まれている人達は正気ではない。恋愛《れんあい》が正気ではないのと同じである。

（佐野洋子《さのようこ》「あれも嫌《きら》い　これも好き」）

(1) ——線「ずぶずぶと泥沼に足をとられる恐怖」とありますが、この「恐怖」はどこからくると筆者は考えていますか。次の文中の□にあてはまる六字の言葉を、本文中からぬき出しなさい。（15点）

・猫が［　　　　　　］ことから。

(2) 「猫に気を入れる」ことを、何にたとえていますか。（15点）

（　　　　）

12 結《けつ》論《ろん》をつかむ

学習のねらい
結論は、文章の最後に置かれることが多いが、最初に結論を述《の》べ、次にそこに至《いた》る考えを示《しめ》すこともあるため、文章の構成《こうせい》に着目してとらえるようにする。

勉強した日　月　日

ステップ1

❶ 次の文章を読んで、あとの問いに答えなさい。

死後の世界なんていうと、多くの日本人はまゆをひそめる。だが、死んだらどうなるかなどと考えるのは無駄《むだ》なことだろうか。もし死後の世界というようなものがあれば、考えたことが正しかったかどうかは死んだあとでわかる。いっぽう死後が無だとしたら、死んだあとで考えることなどできないのだから、死後について考えたことが無駄だったとくやむこともないわけだ。だから、別に損《そん》をした気にもならないだろう。

したがって、時に死後についてあれこれと思いをめぐらしてみるのも、べつだん悪くはないのではなかろうか。

問　右の文章における筆者の結論を、二十字以内でまとめなさい。

❷ 次の文章を読んで、あとの問いに答えなさい。

哲学《てつがく》というものは、最初の第一歩から、つまり哲学なんてぜんぜん知らないうちから、何のお手本もなしに、自分ひとりではじめるのでなければ、けっしてはじめることができないものなのだ。つまり、哲学の勉強をしてしまったら、もうおそいのだ。勉強は哲学の大敵《たいてき》である。

そんなことをいっても、何の手だてもなしに、自分ひとり、はだか一貫《いっかん》で、哲学をはじめるなんてことが、ほんとうにできるものなのだろうか？　と、こう思うひとも多いにちがいない。だが、できるのだ。ぼくが読者の方々に伝授《でんじゅ》したいやりかたは、とてもかんたんなものだ。大人になるまえに抱《いだ》き、大人になるにつれて忘《わす》れてしまいがちな疑問《ぎもん》の数々を、つまり子どものときに抱く素朴《そぼく》な疑問の数々を、自分自身がほんとうに納得《なっとく》がいくまで、けっして手放さないこと、これだけである。

（永井《ながい》 均《ひとし》「〈子ども〉のための哲学」）

問　筆者は、哲学をはじめるために必要なことは何だといっていますか。それが書かれた部分を五十字程度《ていど》でぬき出し、初めと終わりの五字を書きなさい。

□□□□□ ～ □□□□□

3 次の文章を読んで、あとの問いに答えなさい。

野生の動物にとってみれば、食べものを手に入れるのは大変なことである。食べものを探《さが》しまわっているうちに、自分が何ものかに食べられてしまうかもしれない。やっとえものをみつけても、それを捕《と》らえるのに苦労する。仲間と食いもののとりあいになることもあろう。

だから庭に餌台《えさだい》を置けば、次々に鳥がやってくる。のらネコに餌をやったりすると、近くに居《い》ついてしまうことになる。飼《か》われている動物は本当に楽だ。危険《きけん》を冒《おか》して餌を探しまわる必要もないし、えものを捕らえる苦労も必要ない。ワンとかニャーと鳴けば食べものが与《あた》えられる。

おまけに人間の家は安全だ。いつもだれか人間がいるから、やたらな動物は入ってこない。今、人間の家に平気で入ってくるのは野生のニホンザルくらいのものだ。

だから人に飼われている動物は、食と安全が保証《ほしょう》された人間の家から離《はな》れたがらない。ときどき小鳥などがいなくなってしまうのは、けっして逃《に》げ出《だ》したいからではなく、帰ってくる道がわからなくなってしまったからである。

（日高敏隆《ひだかとしたか》「動物は何を見ているか」）

問　右の文章の結論となる一文を最後の段落《だんらく》からさがし、初めの五字をぬき出しなさい。

4 次の文章を読んで、あとの問いに答えなさい。

そこで悪魔《あくま》・悪《あ》しき者は「尊師《そんし》はわたしのことを知っておられる（見通していらっしゃる）」「幸せな人はわたしのことを知っておられる」と考えて、その場で消え失《う》せた。

（以上、経典《きょうてん》「サンユッタ・ニカーヤ」第一巻《かん》一〇六―一〇七ページ）

「幸せな人」というのは、修業《しゅぎょう》を積んで立派《りっぱ》な境地《きょうち》に達すると、その境地は幸せであるから、このようによぶのです。

そしてこのように悪魔が蛇《へび》の形でおどしても、*釈尊《しゃくそん》はびくともしませんでした。

インドには（総《そう》じて南アジア全般《ぜんぱん》についていえるのですが）わりあいに蛇が多く、蛇というのは人間に近しいものなので、悪魔が逆《ぎゃく》に蛇の形をとって釈尊をおどそうとしたけれども、ついに失敗したという話です。ここでは象徴《しょうちょう》的に述《の》べられていますが、その趣意《しゅい》としては、立派な覚悟《かくご》をもっている人は、いかなる誘惑《ゆうわく》もゆるがすことができない、ということをいっているのです。

（中村《なかむら》元《はじめ》「原始仏典」）

*釈尊＝釈迦《しゃか》をうやまっていう語。

問　――線「ここでは…述べられています」とありますが、経典が蛇の話を使っていおうとしたのは、どんなことですか。

ステップ2

時間 25分　合格点 70点　得点　点

勉強した日　月　日

1 次の文章を読んで、あとの問いに答えなさい。

チンパンジーというのは、多くの人は「黒くて大きなサル」だと思っているでしょう。また実際《じっさい》、黒くて大きなサルの仲間なのですが、正確《せいかく》には、①ニホンザルとチンパンジーとはかなり違《ちが》った生き物です。英語でいうと、その違いが簡単《かんたん》です。

サルはモンキー(monkey)、チンパンジーはエイプ(ape)の一種です。その外形の区別も簡単です。モンキーというのは尻尾《しっぽ》があります。エイプというのは尻尾がありません。ここでいきなり最初から詳《くわ》しい分類の話は控《ひか》えますが、モンキーとエイプの区別、尻尾のあるなしの区別は心にとめておいてください。

ところで人間も尻尾がありませんね。だから、ほんとうはヒト(学名ホモ・サピエンス)という動物はエイプの一種なのです。ただ、どうしても人間はこの世界を自分中心に見てしまいます。「人間と動物」という二分法は、われわれが抱《いだ》く素朴《そぼく》な信念であって、科学的な真実ではありません。

*DNAの塩基《えんき》*配列を比較《ひかく》した最新の研究によれば、ヒトとチンパンジーの遺伝《いでん》的な差はおよそ一・二パーセントだそうです。ヒトとニホンザルは八〜九パーセントほど違うと言われていますから、②チンパンジーはニホンザルに近いのではなくて、きわめてヒトに近いと言えるでしょう。

体の形は化石に残りますが、心とかことばといったものや、暮《く》らしや社会といったものは化石に残りません。「われわれは、どうしてこのように考えるのか」、人間の由来を理解《りかい》するためには、化石人類を調べるだけではわかりません。現在《げんざい》生き残っている、もっとも近縁《きんえん》な仲間であるチンパンジーを調べる必要があります。

現在生きているチンパンジーの心やことばや社会や暮らしと比較することによって、約五〇〇万年前までは同じひとつの生き物だったヒトとチンパンジーが、それぞれの進化の過《か》程《てい》でどのように違ってきたかがわかります。今もなお両者に共通する特性《とくせい》であれば、それは約五〇〇万年前の祖先《そせん》にもあった特性だと考えられます。

われわれの体が進化の産物であると同様に、われわれの心も進化の産物です。心は化石に残りません。でも、チンパンジーという存在《そんざい》は、「心の進化」を読み解《と》くための生きた化石だと言えるでしょう。

(松沢哲郎《まつざわてつろう》「進化の隣人《りんじん》 ヒトとチンパンジー」)

*DNA＝デオキシリボ核酸《かくさん》の略。遺伝子の本体。
*塩基配列＝核酸をつくっている塩基部分のならび方。

(1) ――線①「ニホンザルと……生き物です」とありますが、ニホンザルとチンパンジーは、外見上はどのような違いがありますか。本文中の七字の言葉をぬき出して答えなさい。（20点）

(2) ――線②「チンパンジーは……言えるでしょう」とありますが、なぜこのように言えるのですか。その根拠《こんきょ》となる事がらを、本文中から五字でぬき出しなさい。（20点）

(3) 筆者がチンパンジーについて調べているのは、どのような考えがあるからですか。それを説明した次の文中の□にあてはまる言葉を、本文中からぬき出しなさい。（20点）

・チンパンジーという存在は、□だと言えるから。

（　　　　）

2 次の文章を読んで、あとの問いに答えなさい。

随筆《ずいひつ》とは、文字通り「筆に随《したが》う」ということで、筆のままに気ままに綴《つづ》っていく文章のことです。緊密《きんみつ》な構成《こうせい》とか論理《ろんり》関係などといったことにあまり気を遣《つか》わなくてもいいということになっています。たしかに、気軽な気持ちで、思ったことや身辺の出来事を書けばいい、という文章なのですが、実は、これがちょっと難《むずか》しいのです。（中略《ちゅうりゃく》）

書く内容《ないよう》の選択《せんたく》もあります。例えば「将来《しょうらい》の夢《ゆめ》」「○○先生の思い出」といった「文集」に書くような文章も広い意味での随筆になりますが、どこにどのような形で書くかによって、それなりに基調《きちょう》となるテーマがあります。そういったことも考えて書くのでなければ、まとまりがつかなくて途中《とちゅう》で投げ出したくなったりもします。

（中略）

そう考えると、随筆とは気軽に書く文章というよりも、実は「読み手」の方が「気軽」に読む文章と言えるかもしれません。気軽に読んでもらうためには、一応《いちおう》読んでもらうだけのまとまりとか、それなりの流れ、「オチ」などといったものがあることが理想です。堅苦《かたくる》しい書き方はあまりしてはいけない、でも、ちょっと読ませるものを、となる点で、ちょっと難しくなるわけです。

（森山卓郎《もりやまたくろう》「日本語の〈書き〉方」）

(1) 随筆の内容を考えるとき、あったほうがよいのはどんなものですか。本文中から八字の言葉をぬき出しなさい。（20点）

(2) ――線「実は……難しいのです」とありますが、どんな点が難しいのですか。答えとなる一文をぬき出し、初めの五字を書きなさい。（20点）

ステップ3

勉強した日	時間	合格点	得点
月　日	45分	70点	点

1 次の文章を読んで、あとの問いに答えなさい。

『世界の中心で、愛をさけぶ』(片山恭一《かたやまきょういち》、小学館、二〇〇一年)が三〇〇万部を超《こ》える大ベストセラーになった理由のひとつは帯に書かれた女優《じょゆう》・柴咲《しばさき》コウさんの推薦《すいせん》文にある、と言う人がいる。その推薦文はこうだ。

「泣きながら一気に読みました」

「それを信じて買ったのに泣けなかった」と学生たちが文《もん》句《く》を言う場面に居合《いあ》わせたことがある。「それより内容《ないよう》は?面白《おもしろ》くなかったの?」ときくと、「まあ、それなりには」と答えた。「でも泣けなかったんですよ!」。彼《かれ》らにとっては、ストーリーそのものよりも「泣けるか、どうか」のほうが重要なのだ。

「涙《なみだ》を見せるのは男の恥《はじ》」などと時代遅《おく》れのことを言う人はさすがに少なくなったが、近年、この「涙」の意味や価値《かち》が上がり、自分や他人が流す「涙」に敏感《びんかん》に反応《はんのう》する人が増《ふ》えているような気がする。若《わか》い人たちも、さかんに「泣けるもの」を求めている。また、男性《だんせい》が素直《すなお》に涙を見せる韓国《かんこく》ドラマもブームになっている。

(中略《ちゅうりゃく》)

「子どもの涙には誰《だれ》も勝てない」、「女性の涙には弱い」といった言い方があるが、いまや子どもや女性に限《かぎ》ったことではなく、「涙」はあらゆる主張《しゅちょう》、あらゆる場面での「最後の切り札」になっているかのようだ。

①ここで問題なのは、この「涙」が出てくると、ほかのあらゆる意見や議論《ぎろん》が無効《むこう》になってしまうことだ。たとえば、「現時点《げんじてん》での北朝鮮《きたちょうせん》への経済制裁《けいざいせいさい》には賛成《さんせい》しない」と発言すると、「では、あなたは拉致《＊らち》家族の涙に何も感じないのですね」と激《はげ》しく責《せ》められる。人間であれば、家族を突然《とつぜん》、奪《うば》われて悲しむ人たちの涙に同情《どうじょう》しないわけはない。しかし、その感情と「外交上、北朝鮮にどう対応《たいおう》していくか」ということは別の次元の問題のはずだ。それにもかかわらず、個人《こじん》的感情と、歴史、国家、外交といった大きな問題がまったく同列に語られ、しかもその中でもっとも優先《ゆうせん》されるべきは「本当にかわいそう」といった個人的感情なのだ、といった価値観が広まりつつあるような気がする。

自分ではない誰かひとりが流す「涙」とそれへの同情がすべてを決める。「涙の意味を受け取れ」という主張と、「戦後の日本は「私《わたくし》」を尊重《そんちょう》するあまり、「公《おおやけ》」の意識《いしき》が薄《うす》れてしまった。取《と》り戻《もど》すべきは公共心だ」という、昨今よく叫《さけ》ばれる主張とは一見、相反する。しかし、ともすれば同じ人物が

「あの母親の涙を見よ」と言いつつ、「公を大切にせよ」とも言っているのだ。

ただ、「涙」さえ見せればどんな人でも「かわいそう」と同情の対象となり、世論が動かされるのかといえば、それも違《ちが》うようだ。イラクで人質《ひとじち》となった青年の家族が見せた「涙」も、飢《う》えや別離《べつり》に苦しむ北朝鮮の一般《いっぱん》の人たちの「涙」も、日本の人々の感情に訴《うった》えかけることはそれほどなかった。ほとんどの「涙」はそれだけで共感、同情の対象となるのに、時としてこういった例外もある。「どの涙はよくて、どの涙はよくないか」というポイントを読み間違えると、今度はその人が批判《ひはん》の対象となってしまう。だから私《わたし》たちは②常にまわりの人の顔色をうかがいながら、実は「今なら安心して泣ける」というときにだけ涙し、「この人には同情して大丈夫だ」という対象にだけ「かわいそう」と言っているのではないか。

「泣ける映画《えいが》」に若者が群《むら》がり、「涙」によって憂《う》さや悩《なや》みをリセットする。それと同じように、私たちは「涙」によって、歴史などのより大きな問題までをもリセットさせようとしてはいないだろうか。しかも、自分たちの心を癒《いや》す「涙」だけに目をとめ、自分たちの非《ひ》や責任《せきにん》を思い起こさせるような「涙」は都合よく見ないようにしているのではないだろうか。もしそうだとしたら、それくらいあざとい*「涙」の利用の仕方はないだろう。それならまだ、純愛《じゅんあい》物語に涙して「自分もあんなにきれいな愛を生きてみたい」と素直に思い、それ以上、その「涙」を自分の主張を通すために使ったりすることは考えない若者のほうが、よほど罪《つみ》はないと言える。「飾《かざ》りじゃないのよ、涙は」という歌の歌詞《かし》があったが、「切り札じゃないのよ、涙は」とでも言いたいところだ。

（香山《かやま》リカ「いまどきの『常識』」）

*拉致家族＝「拉致」は無理に連れて行くこと。ここでは北朝鮮に拉致されたと推定《すいてい》される人の残された家族のこと。
*あざとい＝やり方があくどいこと。あさはかなこと。

(1) ——線①「ここで……無効になってしまうことだ。」とありますが、それはなぜですか。理由を説明した次の文中の A ・ B にあてはまる五字、三字の言葉を、本文中からぬき出しなさい。（20点）

・様々な場面において一番大切にするべきことは A であるという B を、多くの人が受け入れつつあるから。

A □□□□□

B □□□

(2) (1)で答えたことに関して、筆者はどのように考えていますか。最も適切《てきせつ》なものを次から選び、記号で答えなさい。（10点）

ア 大切なものを失った人たちの涙には同情《どうじょう》すべきで、そういう涙に何も感じない人は人間的な感情がないといえる。

イ 話し合われたことやそれぞれの考えが、誰《だれ》かの涙によって意味をなさなくなってしまうことは感心できない。

ウ 他人の涙《なみだ》を見て冷静さを失ってしまい、正反対の意見を同時に主張《しゅちょう》するようなことは、我々《われわれ》にも起こりうる。

エ ある人が涙を流すと、常《つね》に特定の誰《だれ》かが責《せ》め立てられ意見を封《ふう》じ込《こ》められてしまうのは悲しむべきことだ。

（　　）

(3) ——線②「常に……言っている」とありますが、これはどういうことですか。それを説明した次の文中の A・B にあてはまる二字の言葉を、本文中からぬき出しなさい。(20点)

・ A がどのように判断《はんだん》するか、自分が B されないかを基準《きじゅん》にして、涙を流すべきかを決めているということ。

A [　　]　B [　　]

(4) 本文における筆者の考えに合っているものを次から一つ選び、記号で答えなさい。(15点)

ア 本や映画《えいが》で涙を流すことだけを求める人たちは、手記やドキュメンタリーのよさをわかっておらず残念だ。

イ 「泣く」ということは、純粋《じゅんすい》な自分を好きになるためのひとりよがりの行為《こうい》であり、好ましくない。

ウ 本人の人間的成長をともなわない涙は世間で言われるほど悪くはなく、若者《わかもの》の感動の涙もすばらしい。

エ 個人《こじん》のレベルを超《こ》えた問題に関して、涙が大きな力を持つことについては、危機感《ききかん》を抱《いだ》かざるをえない。

（　　）

（東京電機大中—改）

2 次の文章を読んで、あとの問いに答えなさい。

一九六二年、気仙沼《けせんぬま》水産高校を卒業したわたしは、家業のカキ養殖業《ようしょくぎょう》をつぎました。

（中略《ちゅうりゃく》）

わたしは、かき研究所で生まれたアメリカやフランスのカキのタネを育てたり、宮城《みやぎ》県で初めてホタテ貝の養殖を成功させたりしました。テレビや新聞の取材を受けることも多くなり、わたしはちょっとした浜《はま》のヒーローになっていました。

でもいいことはそう続きませんでした。①一九七〇年ころをさかいにして、*赤潮《あかしお》プランクトンが大発生するようになったのです。ホタテ貝が死んだり、白いはずのカキの身が赤くなり「血ガキ」と呼《よ》ばれて売れなくなったりしました。

原因《げんいん》は、手入れのされない杉山《すぎやま》、農薬《のうやく》・除草剤《じょそうざい》・化学肥料《ひりょう》の使いすぎ、農業現場《げんば》の畜産排水《ちくさんはいすい》、家庭からの雑《ざつ》排水、水産加工場から流される工場排水など、川の流域《りゅういき》全体にわたっていました。

水産関係の研究者や役所の人たちは、海で魚や貝がとれなくなっているので、魚や貝の赤ちゃんを海に放流してふやそうと考えました。全国の浜辺《はまべ》で人工的に卵《たまご》からかえした魚や貝の赤ちゃんを、いっしょうけんめい海に放流することが始まったのです。

　でもよく考えてみると、海の環境《かんきょう》をそのままにしておいて、赤ちゃんだけ放流してもうまくいくはずがありません。

　おまけに、気仙沼湾《わん》に流れこんでいる大川河口《おおかわかこう》からわずか八キロメートル地点に、ダムをつくるという計画があることがわかりました。ダムは川の流れを、とちゅうで分断《ぶんだん》してしまいます。

　カキの漁場はどこも、川の水と海の水が混《ま》じる汽水域《きすいいき》であることを知っているわたしたちは、「これではますます気仙沼湾は悪くなってしまう」と思いました。

　わたしは、海から離《はな》れて生きてゆくことは考えられませんでした。なにか自分たちにできることはないだろうか――ゆたかな海に流れこむ川の流域にはかならず森があることも漁《りょう》師《し》は経験《けいけん》的に知っていました。そこで、「牡蠣《かき》の森を慕《した》う会」をつくり、②大川上流の室根山《むろねさん》にブナやナラの植林運動を始めたのです。

　一九八九年九月のことです。

　キャッチフレーズは〝森は海の恋人《こいびと》〟。

　なぜもっと近くの海辺に木を植えなかったのですか、と質《しつ》問《もん》を受けることがあります。

「川の頂点《ちょうてん》をおさえないと、流域全部を見とおすという考えが伝わらないからです」

と、こたえています。大川流域にすんでいる人たちに、森と川と海はひとつのものであることを知ってもらいたかったのです。

　室根山は気仙沼地方の漁師にとって、海に出たときに、もっともたよりにする山です。船の位置をたしかめるためや、山にかかった雲や雪のようすで天気を予測《よそく》するからです。

　わたしはいつのころからか、あそこに漁師の目印になる森をつくってみたいと思うようになりました。

（畠山重篤《はたけやましげあつ》「鉄は魔法《まほう》つかい」）

＊赤潮＝プランクトンの異常繁殖《いじょうはんしょく》で海水が赤く変色する現象《げんしょう》。

(1) ――線①「一九七〇年ころを……なったのです。」とありますが、原因は何ですか。それが書かれた段落《だんらく》をさがし、初めの五字をぬき出しなさい。（15点）

(2) ――線②「大川上流の……始めたのです」とありますが、筆者がこのような行動にでたのは、どのような考えがあったからですか。「という考え。」に続くように十五字以内でぬき出しなさい。（20点）

という考え。

13 物語を読む(1)

学習のねらい

文脈から言葉の意味をつかみ、指示《しじ》語や接続《せつぞく》語に注目して内容《ないよう》を正しく読み取るとともに、人物の言動の理由をとらえられるようにする。

勉強した日　月　日

ステップ1

1 次の文章を読んで、あとの問いに答えなさい。

十月早稲田《わせだ》に移《うつ》る。*伽藍《がらん》の様な書斎《しょさい》に只《ただ》一人。片附《かたづ》けた顔を頬杖《ほおづえ》で支《ささ》えていると、三重吉《みえきち》が来て、鳥を御飼《おか》いなさいと云《い》う。飼ってもいいと答えた。然《しか》し念の為《ため》だから、何を飼うのかねと聞いたら、文鳥ですと云う返事であった。

文鳥は三重吉の小説に出て来る位だから奇麗《きれい》な鳥に違《ちが》いなかろうと思って、じゃ買ってくれたまえと頼《たの》んだ。[①]三重吉は是非《ぜひ》御飼いなさいと、同じ様な事を繰《く》り返している。うむ買うよ買うよとやはり頬杖を突《つ》いたままで、むにゃむにゃ云ってるうちに三重吉は黙《だま》ってしまった。大方頬杖に愛想《あいそ》を尽《つ》かしたんだろうと、この時始めて気が附いた。

[②]三分ばかりして、今度は籠《かご》を御買いなさいと云いだした。これも宜《よろ》しいと答えると、是非御買いなさいと念を押《お》す代《かわ》りに、鳥籠の講釈《こうしゃく》を始めた。その講釈は大分込《こ》み入ったものであったが、気の毒な事に、みんな忘《わす》れてしまった。

（夏目漱石《なつめそうせき》「文鳥」）

*伽藍＝寺の建物。

問 [①]・[②]にあてはまる言葉を次から選び、それぞれ記号で答えなさい。

ア すると　イ では
ウ ところが　エ そこで

①（　　）　②（　　）

2 次の文章を読んで、あとの問いに答えなさい。

世界ができたそもそものはじめ。まず天と地とができあがりますと、①それといっしょにわれわれ日本人のいちばんご先《せん》祖《ぞ》の、天御中主神《あめのみなかぬしのかみ》とおっしゃる神さまが、天の上の高天原《たかまのはら》というところへお生まれになりました。そのつぎには高皇産霊神《たかみむすびのかみ》、神産霊神《かみむすびのかみ》のお二方がお生まれになりました。

②そのときには、天も地もまだしっかり固まりきらないで、両方とも、ただ油を浮《う》かしたように、とろとろになって、くらげのように、ふわりふわりと浮かんでおりました。

（鈴木三重吉《すずきみえきち》「古事記物語」）

(1) ——線①「それ」は、何を指していますか。

（　　　　　　）

(2) ——線②「そのとき」は、何を指していますか。「とき。」に続くように書きなさい。

（　　　　　　）とき。

3 次の文章を読んで、あとの問いに答えなさい。

住まいのことでは、一時思《おも》い屈《くっ》した。

六、七年来住《す》み馴《な》れた家が、終戦後間もなく他へ売られ、すぐ傍《そば》の同じ家主の持家《もちいえ》へ引《ひ》き移《うつ》ることで、ひとまず小康《しょうこう》を得たが、それも、家主の親戚《しんせき》が大連《だいれん》から引揚《ひきあ》げて来れば、立《た》ち退《の》いて欲《ほ》しいという条件《じょうけん》つきであった。

ちょうどそのころ、私《わたし》は通勤《つうきん》生活を辞《や》めなければならない事情《じじょう》ができ、家に引《ひ》き籠《こも》ることになった。移った家は、もともとごく普通《ふつう》の貸家《かしや》で、襖《ふすま》や硝子《ガラス》戸の仕切りが多く、読み書きに都合のよい部屋があるわけではなかったから、机《つくえ》の置き場にも工夫《くふう》の要《い》る始末だった。それに、永《なが》い通勤生活の習慣《しゅうかん》に染《し》み、①机の前に落着《おちつ》いて座《ざ》を占《し》める修業《しゅぎょう》から始めなければならなかった。机の向きはその当座《とうざ》毎日変わり、部屋の隅《すみ》へ行ったり真ン中へ出たりした。そんなことで、②いたずらに時間を費《つい》やす己《おの》れの姿《すがた》を、一々軽蔑《けいべつ》する自分がいつも一方にあった。

（永井《ながい》龍男《たつお》「そばやまで」）

(1) ――線①「机の前に……ならなかった」とありますが、それはなぜですか。

（　　　　）

(2) ――線②「いたずらに」の本文中での意味にあてはまるものを次から選び、記号で答えなさい。

ア おもしろく　イ 無駄《むだ》に
ウ ふざけて　エ わざと

（　　）

4 次の文章を読んで、あとの問いに答えなさい。

［親しかった綾菜《あやな》は成績不振《せいせきふしん》で進級できなかった。］

「二年はさ、進路別にクラス分けあるし、バイト見つけなきゃいけないし、修学《しゅうがく》旅行あるし、カレシとデートしなきゃいけないし、忙《いそが》しいよ。いないやつのことなんか、すぐ、忘れちゃうよ」

あたしは、返事につまった。美咲《みさき》の言うことは、正しい。的を射《い》ている。あたしは、忘れるだろう。綾菜とは気が合ったけれど、しゃべってて楽しかったけれど、一緒《いっしょ》に二年生になりたかったけれど、傍《そば》にいなければ、いつか忘れてしまう。しゃべって、お弁当《べんとう》食べて、コンビニでジュース買って、きゃあきゃあはしゃいで……そんなことを一緒にしていなければ、簡単《かんたん》に褪《あ》せてしまう。あたしたちにとっては、傍にいて一緒に時間を過《す》ごす、同じものを見て、感じて、言葉にして確認《かくにん》する、そのことが、何より大切だった。

（あさのあつこ「ガールズ・ブルー」）

問 ――線「美咲の言うこと」とは、どのようなことですか。

（　　　　）

ステップ2

勉強した日 月 日

時間 25分 合格点 70点 得点 点

1 次の文章を読んで、あとの問いに答えなさい。

〔各自が採《と》った*イタドリは一度集めて、家族ごとに分け合うのが、イタドリ採りの約束事だった。ところがサチは、テツオが採った大きなイタドリをかくすのを見てしまった。いっしょにいたリーダーの兄《あい》やんは、サチを口止めした。〕

誰《だれ》だって、たくさん持って帰って、お母さんやお父さんに喜ばれたい。大きなイタドリを採ったと自慢《じまん》したい。自分で採ったものを見せて自慢したいのは、サチだって同じだった。でもみんながそうしたら、ケンチンだけじゃなく、他に何人かも家で食べるほどは持って帰れなくなるじゃないか。サチは、悲しくなった頭の中で、激《はげ》しくテツオをなじった。

「この下に、大きな蛇《へび》がおってよう……。」

①テツオの声が、さっきからうるさい。いつもと違《ちが》って、一人でしゃべりまくっている。兄やんは、あまりイタドリを採れなかったケンチンらを集めて、ご飯を食べながら、イタドリの見つけ方を教えている。笑いながらも、時折悲しそうな顔をするのは、テツオの声が耳に刺《さ》さっているせいだろうと、サチは思った。兄やんの顔に浮《う》かぶ、悲しい気持ちを感じるたびに、サチはテツオのことが許《ゆる》せなくなっていった。

「あははは……。」

誰かの話に答えてばか笑いをしたテツオの声に促《うなが》されて、サチは兄やんを見た。していた話を詰《つ》まらせて、また、何事もなかったかのようにしゃべりだした兄やんの気持ちがサチにはたまらなかった。

「なあ、こんなことがみんなに知れたら、テツオはのけ者にされる。もう、山にも来れなくなる。一人じゃ山に入れんもの……。」

兄やんの言葉がよみがえった。サチは、弁当《べんとう》をくるんで立ち上がった。もう、ご飯が、喉《のど》を通らないほどの気分になっていた。テツオだって、大きなイタドリを持って帰って、お母さんを喜ばせたいだけなのだと分かっていた。取り決めが悪いのかもしれないとも、まだ思っていた。それでもサチには、見なかったことにしてくれとサチに頼《たの》んで、自分はこらえている兄やんの気持ちのことが痛《いた》かった。

「テッちゃん。」

サチはテツオの前に立った。

「サチ……。」

②兄やんの声が聞こえたが、サチは激しく首を振《ふ》って、止めようとしているのを拒《こば》んだ。テツオの顔に、不安のようなも

のが浮かび、作ろうとする真顔と攻《せ》め合うように揺《ゆ》れていた。

「ちょっと来て。」

（笹山久三《ささやまきゅうぞう》「兄やん」）

＊イタドリ＝山野に生える草。若いくきは食べられる。

(1) ――線①「テツオの声が、さっきからうるさい。」とありますが、サチがそう感じるのはなぜですか。最も適切《てきせつ》なものを次から選び、記号で答えなさい。（30点）

ア テツオのした悪事をいつみんなの前であばいてやろうかと考え、きんちょうしているから。

イ 自分のしたことへの後ろめたさからしゃべりまくるテツオの心中がわかるため、よけいに気になってしまうから。

ウ テツオがあまりさわぐと兄やんがおこりだすのではないかと、はらはらした気分でいるから。

エ イタドリがたくさん採れたことを自慢するテツオのうそが、どうしても許せなかったから。

（　　）

(2) ――線②「兄やんの……拒んだ。」とありますが、このときのサチの気持ちが書かれた一文を本文中からさがし、初めの五字をぬき出しなさい。（30点）

□□□□□

---

2 次の文章を読んで、あとの問いに答えなさい。

予報《よほう》によると、明日はよく晴れるらしい。

①ラッキー。

甲田貴子《たかこ》はリュックの中から折《お》り畳《たた》み傘《がさ》を取り出した。降《ふ》らないと決まれば、一つでも荷物は減《へ》らした方がいい。それでなくとも、荷物を背負《せお》って八十キロ歩かなければならないのだ。しまいの方では肩《かた》が凝《こ》り、背中が凝る。リュックが上半身と一体となって、汗《あせ》で境界線《きょうかいせん》がなくなる。

ついに三回目の「ピクニック」が来たか。

ベッドの上であぐらをかいて、明日の荷物の準備《じゅんび》をしていた貴子は、勉強机《づくえ》の前にかけてあるカレンダーを見た。この「ピクニック」が終われば、カレンダーもあと二枚《まい》。卒業式を除《のぞ》けば、事実上学校行事は全部終わるのだ。そしてそれは、受験勉強一色の生活に突入《とつにゅう》するということでもある。②それまでは思い出作りを口実に先送りにしてきたのが、もはやどこにも逃《に》げ隠《かく》れできなくなる。

（恩田《おんだ》 陸《りく》「ピクニックの準備」）

(1) ――線①「ラッキー。」とありますが、何がラッキーなのですか。（20点）

（　　）

(2) ――線②「それまでは……先送りにしてきた」とありますが、「先送りにしてきた」ものとは何ですか。本文中から四字でぬき出しなさい。（20点）

□□□□

14 物語を読む(2)

学習のねらい
言葉や行動から人物の心情《しんじょう》をとらえることが大切。主題の理解《りかい》につながる人物の気持ちの変化をおさえられるようにする。

勉強した日　月　日

ステップ1

① 次の文章を読んで、あとの問いに答えなさい。

〔一郎《いちろう》のもとに山猫《やまねこ》から裁判《さいばん》への招待状《しょうたいじょう》が届《とど》いた。行ってみると、だれがいちばんえらいかでどんぐりたちがはげしく言い争っていた。〕

山猫が一郎にそっと申しました。

「このとおりです。どうしたらいいでしょう。」一郎はわらって答えました。

「そんなら、こう言いわたしたらいいでしょう。このなかでいちばんばかで、めちゃくちゃで、まるでなっていないようなのが、いちばんえらいとね。ぼくはお説教できいたんです。」山猫はなるほどというふうにうなずいて、それからいかにも気取って、繻子《しゅす》のきもののえりを開いて、黄いろの陣《じん》羽織《ばおり》をちょっと出してどんぐりどもに申しわたしました。

「よろしい、しずかにしろ。申しわたしだ。このなかで、いちばんえらくなくて、ばかで、めちゃくちゃで、てんでなっていなくて、あたまのつぶれたようなやつが、いちばんえらいのだ。」

どんぐりは、しいんとしてしまいました。それはそれはしいんとして、堅《かた》まってしまいました。

（宮沢賢治《みやざわけんじ》「どんぐりと山猫」）

問　——線「どんぐりは……しまいました。」とありますが、それはなぜですか。理由を説明した次の文中の□にあてはまる言葉を、考えて書きなさい。

・いちばんえらくないやつがいちばんえらいと言われて、わけがわからず、□わからなかったから。

（　　　　）

② 次の文章を読んで、あとの問いに答えなさい。

〔良平《りょうへい》は鉄道工事に使われるトロッコに乗せてもらい、すべり降《お》りるのを楽しんだ。しかし、ふと遠くまで来すぎたことに気づき、帰りたくなったが、工夫《こうふ》たちはなかなか帰ろうとしない。そして、良平は一人で帰ることになった。〕

竹《たけ》やぶのそばを駆《か》け抜《ぬ》けると、夕焼けのした日金山《ひがねやま》の空も、もうほてりが消えかかっていた。良平はいよいよ気が気でなかった。行きと帰りと変わるせいか、景色《けしき》の違《ちが》うのも不安だった。すると今度は着物までも、汗《あせ》のぬれ通ったのが気になった。

ったから、やはり必死に駆《か》け続けたなり、羽織を道端《みちばた》へ脱《ぬ》いで捨《す》てた。

みかん畑へ来るころには、辺りは暗くなる一方だった。「命さえ助かれば。」──良平はそう思いながら、滑《すべ》ってもつまずいても走っていった。

やっと遠い夕闇《ゆうやみ》の中に、村外れの工事場が見えたとき、良平はひと思いに泣きたくなった。しかしそのときもべそはかいたが、とうとう泣かずに駆け続けた。

彼の村へ入ってみると、もう両側の家々には、電灯の光が差し合っていた。良平はその電灯の光に、頭から汗の湯気の立つのが、彼自身にもはっきり分かった。井戸端《いど》に水をくんでいる女衆《おんなしゅ》や、畑から帰ってくる男衆《おとこしゅ》は、良平があえぎあえぎ走るのを見ては、「おいどうしたね？」などと声を掛《か》けた。が、彼は無言のまま、雑貨屋《ざっかや》だの床屋《とこや》だの、明るい家の前を走り過《す》ぎた。

彼のうちの門口《かどぐち》へ駆け込《こ》んだとき、良平はとうとう大声に、わっと泣き出さずにはいられなかった。

（芥川龍之介《あくたがわりゅうのすけ》「トロッコ」）

(1) 一人で駆け続ける良平の心細さが、情景《じょうけい》にたくしてえがかれている一文をぬき出し、初めと終わりの五字を書きなさい。

□□□□□～□□□□□。

(2) ──線「良平は……いられなかった」とありますが、良平が家の門口へ駆け込んだとたんに泣き出したのはなぜですか。次の文中の□にあてはまる四字の言葉を、考えて書きなさい。

・安心したとたんに、張《は》りつめていた気持ちが□□□□から。

3 次の文章を読んで、あとの問いに答えなさい。

〔「おれ」は、長い間、一人だけ親身に世話をしてくれた下女の清《きよ》と別れ、四国の中学校に赴任《ふにん》することになった。〕

出立《しゅったつ》の日には朝から来て、いろいろ世話をやいた。来る途《と》中《ちゅう》小間物屋で買って来た歯磨《はみがき》と楊子《ようじ》と手拭《てぬぐい》をズックの革鞄《かばん》に入れてくれた。そんな物は入らないと云《い》ってもなかなか承知《しょうち》しない。車を並《なら》べて停車場へ着いて、プラットフォームの上へ出た時、車へ乗り込んだおれの顔をじっと見て「もうお別れになるかも知れません。随分《ずいぶん》ご機嫌《きげん》よう」と小さな声で云った。目に涙《なみだ》が一杯《いっぱい》たまっている。おれは泣かなかった。しかしもう少しで泣くところであった。汽車がよっぽど動き出してから、もう大丈夫《だいじょうぶ》だろうと思って、窓《まど》から首を出して、振《ふ》り向いたら、やっぱり立っていた。何だか大変小さく見えた。

（夏目漱石《なつめそうせき》「坊《ぼ》っちゃん」）

問 「おれ」が清を気づかっていることがわかる一文をぬき出しなさい。

（　　　　）

ステップ2

時間 25分
合格点 70点
得点　　点

勉強した日　　月　　日

1 次の文章を読んで、あとの問いに答えなさい。

愛川吾一《あいかわごいち》は高等小学（現在《げんざい》の小学校にあたる学校）に通っており、登校の際《さい》、友人である京造の家の前で他の級友たちと合流するのを習慣《しゅうかん》としている。この日、級友である秋太郎が時間になってもやってこなかった。遅刻《ちこく》することを恐《おそ》れた吾一は級友たちをおいて一人で学校へと向かった。一方京造は他の級友を学校へ向かわせ、自分は秋太郎を迎《むか》えに行った。おくれてきた二人を、次野《つぎの》先生は教壇《きょうだん》からにらみつけた。

「寝《ね》ぼうをしたんだな。」

秋太郎は返事をするかわりに、あたまのてっぺんに手をやって、つるっとなでまわした。

「まっさきが*修身《しゅうしん》の時間だというのに、あさ寝をするやつがあるか。――小村、おまえはどうしたんだ。」

京造はなんにも言わないで、黙《だま》って立っていた。

「おまえも、あさ寝したんか。」

京造は答えなかった。結んだ口を心もちゆがめただけだった。

「しようのないやつだ。ふたりとも、そこに立っていなさい。」

秋太郎はまた、あたまをなであげた。

京造はじろっと、教壇のほうをにらんだが、すぐ姿勢《しせい》を正しくして、きりっと立った。

吾一は京造が気の毒でならなかった。なぜ京造はほんとうのことを言わないのかしらと思った。自分は朝ねぼうをしていたのではありません。これこれでおくれたんですと、はっきり言えばいいじゃないか。自分のことは、自分じゃ言いにくいのかしら。それなら、作次が、なんかひとこと、言ってやればいいのにと思った。が、吾一にも、「先生。」と手をあげる勇気はなかった。

（中略《ちゅうりゃく》）

ふたりの目と目がかち合った。吾一はあい手の目を見ることができなかった。彼《かれ》はあわてて目をふせてしまった。

向こうは学校におくれてきたのだ。そして立たされているのだ。こっちはきちんと学校にきたのだ。どっちが正しいか、そんなことはわかりきったことだ。それでいながら、①吾一の心は草の葉のようにゆれていた。

どうも立たされている彼のほうが立派《りっぱ》で、腰《こし》かけてる自分のほうが、かえって恥《は》ずかしい気もちだった。彼はそれがなんだかくやしかった。京造のほうがまちがったことをしているくせに、なんだってこっちが、こんなにぐいぐいおさえつけられるのだろう。

あいつといっしょだと、おれはときどきこんな目にあわされる。あいつは学校はできないが、タクアン石のように、どっしりとしたところがある。学問のうえではけいべつしていながら、けいべつしきれない、何か不思議なものが、京造のからだの中には根を張《は》っていた。

彼はそんなことを考えながら、うす目をあけて、そうっと前を見た。京造はあい変わらず、丸ばしらのようにどっしりと、突《つ》っ立っていた。

「愛川、おまえはどうだ。」

突然《とつぜん》、先生の質問《しつもん》が飛んできた。吾一は不意をくらって、少しどぎまぎしたが、それでも、すぐ立ちあがって、要領《ようりょう》よく答えた。

「そう、そのとおり。」

と、次野先生は満足そうに言った。

吾一はしずかに腰をおろした。その時また、京造の目とかち合った。京造の目は前よりも、もっと光っていた。光が吾一の目にささった。彼はある痛《いた》みを感じた。しかし、そんなふうに、上のほうから見おろされると、今度は、彼もつい負けたくなかった。

「でも、今のような答え、きさまにできるかい。」吾一はそういう目で、②向こうを見かえした。

（山本有三《やまもとゆうぞう》「路傍《ろぼう》の石」）

＊修身＝現在の「道徳《どうとく》」の授業《じゅぎょう》にあたるもの。

(1) ——線①「吾一の心は……ゆれていた」とありますが、それはどういうことですか。次の文中の A ・ B にあてはまる言葉をそれぞれ本文中からぬき出し、C にあてはまる言葉を考えて、ひらがなで書きなさい。(75点)

・学校に時間通りに来た自分の方が A と思う反面、友人を見捨《みす》てず言い訳《わけ》もしない京造の方が B に思えて、吾一が C を感じていること。

A

B

C

(2) ——線②「向こうを見かえした」とありますが、そのときの吾一の気持ちはどのようなものですか。最も適切《てきせつ》なものを次から選び、記号で答えなさい。(25点)

ア 京造に気おされていたが、何とか落ち着きを取りもどし、勉強では自分が上だと対抗心《たいこうしん》を燃《も》やしている。

イ 京造から無言の圧力《あつりょく》を感じていたが、何とか我《われ》を取りもどし、自己《じこ》の正当性《せい》を誇示《こじ》しようとしている。

ウ 責《せ》めるように見つめてくる京造の視線《しせん》に困惑《こんわく》したが、勉強で仕返しをしようと敵対《てきたい》心を燃やしている。

エ 自分を見つめる京造におびえていたが、先生の質問にうまく答えて、圧迫《あっぱく》をはねのけたことを誇《ほこ》っている。

（　　）

（渋谷教育学園渋谷中—改）

15 随《ずい》筆《ひつ》を読む

学習のねらい
経験《けいけん》や見聞きしたこと、感想などを書き記した随筆では、筆者の心情《しんじょう》や考えなどが書かれたか所に注意して読み取れるようにする。

勉強した日　　月　　日

ステップ1

1 次の文章を読んで、あとの問いに答えなさい。

屋根が崩《くず》れた家には人が棲《す》んでいないのが瞭《あきらか》だった。そうした廃屋と廃屋のあいだに、げんに洗濯物を乾している家があるのが奇異《きい》だった。［①］その風景がわびしくなかった。どこまでも明るく廃屋までが明晰《めいせき》だった。透明《とうめい》な秋の陽《ひ》ざしの下で廃屋もげんに人が棲んでいる家も、ともに均質《きんしつ》だった。*パルテノンの明晰さと同質だった。壮大《そうだい》なパルテノンとあの廃屋が同質なのは何故《なぜ》だろう、と彼《かれ》はオリンピアに向《む》う途中《とちゅう》で考えた。日本との風土のちがいははっきりしていた。②それははじめから判《わか》っていた。考えられるのは光の問題だ。

（立原正秋《たちはらまさあき》「帰路」）

*パルテノン＝ギリシャ、アテネのアクロポリスに建つ神殿《しんでん》。

(1) ［①］にあてはまる言葉を次から選び、記号で答えなさい。
ア しかし　イ そこで
ウ つまり　エ あるいは
（　　）

(2) ――線②「それ」は、何を指していますか。
（　　　　）

2 次の文章を読んで、あとの問いに答えなさい。

何枚《なんまい》目かにまなちゃんの絵があった。まなちゃんも油絵だった。

それほど大きくないカンバスに一本の道が描《えが》かれていた。舗装《ほそう》されていないその土の道は、雑草《ざっそう》やすすきに縁《ふち》取られ、緩《ゆる》くカーブを描きながらまっすぐ続いていた。私《わたし》の目はその道にくぎ付けになった。

（中略《ちゅうりゃく》）

小学生の女の子が描いた一枚の油絵は、何か奇妙《きみょう》な誠実《せいじつ》さに満ちていた。その誠実さはこちらに触手《しょくしゅ》を伸《の》ばして、好むと好まざるとにかかわらず、見る側を絵の中に引きずり込《こ》んでいく。切実さは力だった。力を持つ何かを私は初めて間近で見た。そして、この世の中には圧倒《あっとう》的にかなわないことがあるのだと、初めて知った。

（角田光代《かくたみつよ》「まなちゃんの道」）

問 「私」が、まなちゃんの絵に「くぎ付けになった」のは、その絵に何を感じたからですか。次の文中の［　］にあてはまる三字の言葉を、本文中からぬき出しなさい。

・見る側を絵の中に引きずり込む［　］を感じた。

3 次の文章を読んで、あとの問いに答えなさい。

講談社《こうだんしゃ》の「本」という小さな雑誌《ざっし》に毎月の連載《れんさい》をさせてもらうことになった。連載の一回ぶんの原稿《げんこう》量は四百字詰《づ》めにして二十一、二枚《まい》というところで、これは僕《ぼく》がそれまでに経《けい》験《けん》した連載エッセイの中ではいちばん長い枚数だった。でもこの連載を続けている一年半ほどのあいだ、書いていて長いと感じたことは一度もなかった。作家というのは多かれ少なかれみんなそうなのかもしれないけれど、僕はどちらかというと、字を書きながらものを考えていく人間である。文字に置《お》き換《か》えて、視覚《しかく》的に思考する方が楽なことが多い。そういう意味では、毎月それくらいの枚数があったほうが、広々とものが考えられて良かったように思う。おそらくアメリカに来てから一年ほどのあいだに、じっくりと字に書いて考えなくてはならないことがそれだけ溜《た》まっていたのだと思う。

(村上春樹《むらかみはるき》「やがて哀《かな》しき外国語」)

問 ――線「毎月それくらい……思う」とありますが、筆者がそのように思ったのはなぜですか。その理由がわかる連続した二文の初めと終わりの五字をぬき出しなさい。

□□□□□～□□□□□。

4 次の文章を読んで、あとの問いに答えなさい。

①人は旅をする。だが、その旅はどこかに在《あ》るものではない。旅は旅をする人が作るものだ。

かりにそれがすべて②お仕着せの団体《だんたい》旅行であっても、旅はどこかその人によって作られるという要素《ようそ》を含《ふく》んでいる。たとえば、ひとりの女性《じょせい》が、『赤毛のアン』の舞台《ぶたい》となったカナダのプリンス・エドワード島をめぐるパックツアーに参加するとしても、アン・シャーリーが歩いたことになっている土地に行ってみたい、という夢《ゆめ》を抱《いだ》くことがすでに旅を作ることの始まりなのだ。(中略《ちゅうりゃく》)

ましてや、すべてを自分の好きなようにしていい個人《こじん》旅行では、あらゆる決定が旅を作ることに直結する。どこに行くのか。どのようなルートで行くのか。どのくらい滞在《たいざい》するのか。そこで何をするのか……。

旅はどこかに在るものではなく、旅をする人が自分で作るものである。

(沢木耕太郎《さわきこうたろう》「旅する力」)

(1) ――線①「人は……作るものだ。」とありますが、この三文を言いかえた一文を本文中からぬき出し、初めの五字を書きなさい。

□□□□□

(2) ――線②「お仕着せ」の意味を次から選び、記号で答えなさい。

ア 一方的に与《あた》えられたもの。 イ 自分で望んだもの。
ウ いちばん好きなもの。 エ 自分で選んだもの。

(　　)

ステップ2

時間	合格点	得点
25分	70点	点

勉強した日　月　日

1 次の文章を読んで、あとの問いに答えなさい。

人生を四季にたとえると、「春」に当たるのが、青春時代ということでしょう。でも、じつは私《わたし》はいまでも四季の中で春がいちばん苦手です。卒業式や入学式があるように、人間が何かを卒業し、次のステップへ進んでいく季節です。しかし、みなが先へ進んでいくのを横目に見ながら、立《た》ち往生《おうじょう》したまま動けない人もいます。つまり、①春というのはある意味で残酷《ざんこく》な季節であるとも言えます。

自分の青春を考えるとき、いつも懐《なつ》かしく重ねて思うのは、漱石《そうせき》の『三四郎《さんしろう》』です。三四郎は私と同じく熊本《くまもと》から上京した大学生で、帝都《ていと》東京の喧騒《けんそう》のさなかに放り出されて、右往《うおう》左往《さおう》します。都会の華《はな》やかさに惹《ひ》かれながらも馴染《なじ》めず、美《み》禰子《ねこ》という美しい女性《じょせい》に恋《こい》をしながらなす術《すべ》を知らず、恐《おそ》れと不安と憧《あこが》れの入り交じった状態《じょうたい》で立ちすくんでいます。②上京したてのころの私は三四郎にそっくりでした。

一般《いっぱん》に、『三四郎』は青春小説と言われ、私も最初のうちはそう思って読んでいました。しかし、いまは少し違《ちが》うのではないかと思っています。軽妙《けいみょう》な筆運びで書かれているので気づきにくいのですが、たとえば、登場人物を見ても青春小説の華やいだ雰囲気《ふんいき》は感じられません。みずからの将来《しょうらい》に青雲の志《こころざし》を持ったり、国家の発展《はってん》のために積極的に参画していこうといった人間は出てきません。小説が書かれたのは、日本が日露《にちろ》戦争で勝利し、「一等国になった」と騒《さわ》いでいた時代です。本来ならもう少し時代に対する希望のようなものがあらわれていてもよさそうなものですが、それがないのです。

それは、漱石の③「末流意識《いしき》」のせいだと思います。『三四郎』の中には、『それから』の代助のように*ニヒルに時代を批評《ひひょう》する人物はいませんが、多かれ少なかれそれと同じような思いを抱《いだ》いた人々が登場します。すなわち、「時代は不幸な方向に向かっている。その流れを変えることはできない。自分も所詮《しょせん》はこの中で生きていくしかない。そうは言っても、どうしたらいいのかわからない」といった思いです。私は、漱石文学の登場人物の中に、不満と不安のようなものを抱《かか》えて、何か非常《ひじょう》に「さまよっている」イメージを感じるのです。

ちなみに、三四郎は美禰子から*「ストレイ、シープ」という言葉を突然《とつぜん》ささやかれますが、それは恋に奥手《おくて》であるという意味だけではないと思います。

当時の私の中にも、まさに「末流意識」がありました。目の前にはめまぐるしく変転する七〇年代初めの時代相があり、その渦中《かちゅう》で何かがおかしいと思い、世界に対する疑問《ぎもん》が頭から離《はな》れず、また、その中で生きていかねばならない自分というものにも疑問を感じました。意味がわからないから不安になり、不安だからまた意味を求めてしまう。とにかく何かを求めないではいられない、というのが、当時の私だったと思います。

大学時代の私は*ウェーバーに夢中《むちゅう》になり、四苦八苦しながら難解《なんかい》な著作《ちょさく》と格闘《かくとう》していたのですが、④それらの中に私の思いと通底するものを感じました。ウェーバー自身が『それから』の代助《だいすけ》を地で行ったような人だったこともあるでしょうが、読みこんでいるうちに、生きづらい世界の中で人間はどう生きていくのかを、ウェーバーがもがきながら必死に問いかけているのが伝わってきました。私は彼《かれ》の知への渇望《かつぼう》のようなものに共感したのです。

（姜《カン》 尚中《サンジュン》「悩《なや》む力」）

*ニヒル＝無感動で、冷めている様子。
*「ストレイ、シープ」＝英語で「迷《まよ》える羊」という意味。
*ウェーバー＝マックス・ウェーバー。ドイツの社会科学者。

(1) ――線①「春というのは……言えます」とありますが、それはなぜですか。(20点)

（　　　）

(2) ――線②「上京したての……そっくりでした。」とありますが、どのような点がそっくりだと筆者は思ったのですか。その気持ちを表した部分を本文中から二十字以内でぬき出しなさい。(20点)

(3) ――線③「末流意識」とありますが、この言葉の意味を説明している部分を、「という思い。」に続くように本文中から三十五字以内でぬき出し、初めと終わりの五字を書きなさい。(20点)

□□□□□～□□□□□という思い。

(4) ――線④「それら」は、何を指していますか。(20点)

（　　　）

(5) 筆者は、漱石とウェーバーのどんなところに共通するものを感じているのですか。最も適切《てきせつ》なものを次から選び、記号で答えなさい。(20点)

ア 溌剌《はつらつ》とした青春が理想であるが、そんなものはめったにないと考えているところ。
イ 生きづらい世の中であっても、国家の発展のために積極的に参画していくべきだと考えているところ。
ウ 生きづらい世の中なので、無理に社会に出て働かなくてもよいと考えているところ。
エ 生きづらい世の中で、どうやって生きていくのかを必死に問いかけているところ。

（　　　）

ステップ３

時間	合格点	得点
45分	70点	点

1 次の文章を読んで、あとの問いに答えなさい。

「なせ」

朝子《あさこ》は、篤義《あつよし》を責《せ》めるかのような口調になった。

「しおめし言われるが……学校も休むけん」

「なせ、塩飯なが」

「弁当《べんとう》のおかず無かったけん……」

「お前も言いよるがか」朝子が詰《つ》めるように聞いた。

「オラ言わん！　オラいじめんけん」篤義は、［①］するように言った。目に涙《なみだ》が溜《た》まったように、その目がちょっと光って見えた。

「アツは言わん。昼の様子でちゃんと分かるけん」

秀男《ひでお》が、慰《なぐさ》めるような口調で言った。

「みんな、みょうなが……（篤義は、事実に反してそう思っていた）……千代子《ちよこ》馬鹿《ばか》にする時、千代子の目ぇ見ん。顔も見よらんみたいな」

「大人でもあるけんど。話をする時、相手に向こうて言いよるようで、その実、周りに自分をひけらかすようなことがある。話の相手は、そのダシに使われよるようなもんで、こればぁ人の人格《じんかく》を踏《ふ》みつけにすることも他にないけんど、それと同じがじゃろう。大人ん中でも、よう見かけるけん」

秀男は、思い当たることを捜《さが》すような表情《ひょうじょう》をした。

「そんな時、みんなはなにしよる」

今度はスミが篤義を覗《のぞ》きこむようにした。

「笑いよる……」

「みんながか？」

篤義は、ちょっと考えていたが、

「だまっちょるがもおる」と言った。

「誰《だれ》っちゃ助けんがか？」

「いっちゃんが助ける。……けんど、いっちゃん女じゃけん」

「アツは何しよる？」

「オラ……オラなんちゃせん」

②<u>篤義は、元気の殆《ほとん》どを失ったかのように下を向いて黙《だま》ってしまった。</u>

「誰っちゃアツを責めよりゃせんがじゃけん。けんどこれは大事なことじゃけん。千代子がひどい目にあいよること、アツはどう思うろう？」秀男が励《はげ》ますように、話の続きを引き取った。

「オラ、絶対《ぜったい》いけんことじゃ思う……千代子が可哀相《かわいそう》なが思う」

篤義は、意外な程毅然《ほどきぜん》と答えた。

「それがわかっちょりゃあ立派《りっぱ》ながよ。その時笑うがは、どう思う？」

「いけんがじゃ思う」……篤義は、自分の体験の中で、自分が馬鹿にされた時巻《ま》き起《お》こる笑い声も、馬鹿にした言葉と同じか、それ以上にひどいものだということを感じていた。

「だまっちょるがは、どうじゃろう」

「……」

「そんな時だまっちょるがは、悪ぅないがじゃろうか」

「……オラわからん」

「ひどい目にあいよるもんから見りゃあ、だまっちょるがも笑いよるがも区別出来んがじゃないろうか。ひどい目を見よるもんは、気持《きもち》に余裕《よゆう》がのうなっちょるけんねぇ」

「……」篤義は、自分の時の事を考えていた。言われてみると、③確かにそうである。自分が笑いものにされた時、自分は『みんなが笑った』と思った。しかし、いっちゃんは笑わなかった筈《はず》である。『笑わん方が多かったのかしれん……けんどオラ、みんながわろうたと思ぉたけん……』

「まだアツにゃあ難《むずか》しいかもしれん。けんど、そればぁわかっちょりゃあええがよ」

（笹山久三《ささやまきゅうぞう》「四万十川《しまんとがわ》 あつよしの夏」）

(1) [①] にあてはまる言葉を次から選び、記号で答えなさい。（10点）

ア 弁解《べんかい》　イ 主張《しゅちょう》　ウ 説得　エ 抗議《こうぎ》　（　　）

(2) ――線②「篤義は……黙ってしまった。」とありますが、このときの篤義はどのような気持ちですか。最も適切《てきせつ》なものを次から選び、記号で答えなさい。（20点）

ア 勇気を出して千代子を助けなかった自分を責める気持ち。

イ 誰も自分を理解《りかい》してくれないことをさびしく思う気持ち。

ウ 千代子をいじめる人間を憎《にく》らしく思う気持ち。

エ 無言の千代子から責められているようでつらい気持ち。

（　　）

(3) ――線③「確かにそうである」とは、どういうことですか。最も適切なものを次から選び、記号で答えなさい。（20点）

ア 口には出さずに相手を見下すことは口に出して言うのと変わらないということ。

イ いじめられている人には笑っているのと黙っているのと区別がつかないということ。

ウ いじめを黙ってみていることはいじめているのとまったく同じだということ。

エ 人の目を見ずに話すことは他者の人格を根底から無視《むし》しているということ。

（　　）

（中央大附属横浜中―改）

2 次の文章を読んで、あとの問いに答えなさい。

〔がき大将《だいしょう》の「僕《ぼく》」は、近所のちびっこを引き連れて、裏《うら》山《やま》に作った基地《きち》で石投げの訓練を積んでいた。ある日、新聞配達の少年が、僕らが見守る中、背筋《せすじ》を伸《の》ばしてすっと下の道を通り過《す》ぎていった。〕

翌日《よくじつ》も彼《かれ》は同じ時刻《じこく》にそこを通過《つうか》していった。やはり肩《かた》から吊《つ》るしたたすきに新聞を山盛《やまも》り入れて、彼は一軒《いっけん》一軒にそれを放り込《こ》んでいくのだ。僕はその姿《すがた》に何か心を動かされていたのだが、沢山《たくさん》の子分たちの前で彼を褒《ほ》めるわけにもいかず、つい心にもない行動をとってしまうのである。

そう、①僕は彼目掛《めが》けて石を投げつけたのだ。

「皆《みな》、あいつは敵《てき》たい。敵のスパイに間違《まちが》いないったい」

小さな子供《こども》たちは僕のいうことをすぐに信じて、同じように彼目掛けて石を投げつけはじめたのだ。新聞少年は投石に気がつき、立ち止まると僕らのほうを一瞥《いちべつ》した。しかし、石を避《さ》けようともせずじっと僕らのほうを睨《にら》みつけるのだった。幾《いく》つかの石が彼の足にあたったが、彼は逃《に》げようとはしなかった。

「やめ」

それに気づいた僕はちびっこたちに石投げをやめさせた。子供たちは石を投げるのをやめ、僕の次の命令を待っていた。僕と新聞少年はそのとき初めて対峙《たいじ》して睨みあった。鋭《するど》い目をした強そうな男だった。僕たちが黙《だま》っているとまもなく彼は走りだすのである。

それからもときどき僕らは彼を見つけては威嚇攻撃《いかくこうげき》をした。そのたびに彼は立ち止まりじっと僕らを見すえるのだった。その目は鋭くかつて見たことのない動物的なものだった。

新聞配達という行為《こうい》が悪いことではなく、むしろりっぱなことであることはあの頃《ころ》の僕でもちゃんと理解《りかい》はしていたつもりであった。僕だけじゃなく、弟やちびっこたちもちゃんと知っていたはずだ。なのに僕が彼に石を投げたのは、多分彼の存在《そんざい》が気になっていたからなのだろう。新聞を少年が配達するということが一体どういうことなのか、僕はすごく興《きょう》味《み》があったのだ。

それから少しして、僕らが社宅《しゃたく》の門のところでたむろして遊んでいると、彼が突然《とつぜん》門の中へ走り込んできたのである。がっちりとした身体《からだ》をしていて、僕より五センチは背《せ》が高かった。僕は直《す》ぐに彼と目が合い、睨み合ってしまった。そのとき、ちびっこの一人がいつもの調子で彼に向かって石を投げつけてしまったのである。石はそれほどスピードはなかったのだが、少年の額《ひたい》にあたってしまった。そして少年はそのときはじめて僕らに抗議《こうぎ》をしたのである。

「何で石ば投げるとや。俺《おれ》がなんかしたとかね」

身構《みがま》えるちびっこたちを僕は慌《あわ》てて制《せい》した。そして少し考えてから聞き返した。

「なんばしよっとね」

僕は新聞のつまったたすきを指さして聞いてみた。

「新聞配達にきまっとろうが」

「そうやなか、なんで新聞ばくばりよっとか知りたかったい」

僕は彼にぐいと睨みつけられて怯《ひる》みそうだったが、ちびっこたちに示《しめ》しがつかないのでじっと堪《こら》えていたのである。

「なんでって、お金んためにきまっとろうが。お金ば稼《かせ》いで、家にいれるったい。うちはお前らんとこみたいに裕福《ゆうふく》やなかけんな」

「ゆうふく?」

弟が横から口を出してきた。

「ああ、うちは貧乏《びんぼう》やけん、長男の俺が働いてお金ば稼がんとならんとよ。お前らみたいに遊んでるわけにはいかんっちゃ」

彼のその言葉は僕の胸《むね》にびんびんと響《ひび》いた。自分のことを貧乏といいきる彼がなぜか自分たちとは違う大人に見えたのだ。

「わるいけどな、これからは俺の配達のじゃまばせんどいてくれんね。もし、邪魔《じゃま》するようだったら、こっちも生活がかかってるけんだまっちゃおかんばい」

彼はそういうと石を投げつけたちびっこを押《お》しのけて新聞を配りはじめるのだった。

②僕は何故《なぜ》かいいようのないショックで、それから数日考え込んでしまった。僕は昔から考え込むタイプだったようだ。

あのとき僕は新聞配達の少年を実は心の何処《どこ》かで［③］していたのだと思う。自分を彼に投影《とうえい》しはじめていたのだ。

（辻《つじ》 仁成《ひとなり》「新聞少年の歌」）

＊対峙＝向き合って立つこと。

(1) ――線①「僕は……投げつけたのだ」とありますが、それはなぜですか。その理由が書かれている一文を本文中からさがし、初めの五字をぬき出しなさい。(20点)

(2) ――線②「僕は……ショックで」とありますが、このときの「僕」はどのような気持ちだったのですか。次の文の［A］・［B］にあてはまる二字の言葉を、それぞれ本文中からぬき出しなさい。(20点)

・いくらも年が違わないのに、［A］のために働いていると堂々と言い切る「彼」に対して、自分がひどく［B］に思えた。

A

B

(3) 本文中の［③］にあてはまる言葉を次から選び、記号で答えなさい。(10点)

ア 尊敬《そんけい》　イ 軽蔑《けいべつ》　ウ 無視《むし》　エ 敵視

（　　）

16 説明文・論説《ろんせつ》文を読む (1)

学習のねらい
事実を説明した説明文や、ある事がらについての筆者の主《しゅ》張《ちょう》を述《の》べた論説文などでは、表現《ひょうげん》や文章構成《こうせい》に着目しながら正確《せいかく》に読み取れるようにする。

勉強した日　月　日

ステップ 1

❶ 次の文章を読んで、あとの問いに答えなさい。

独我《どくが》論とは「自分だけが存在《そんざい》し自分以外のものは(自分の心の中にしか)存在しない」という主張である。①これはバカげた主張だろうか? 哲学《てつがく》的に考えるとき、いつでもいえることなのだが、たいせつなことは、それがバカげているかいないかを決めることではなく、もしバカげているとすればどんな意味でバカげており、もしバカげていないとすればどんな意味でバカげていないのかを、できるだけ深く徹底《てってい》的に考えてみることだ。そして、それだけでいい。

[②]、では、「ぼくはなぜ存在するのか」という子ども時代のぼくの問題と、いま述べた独我論とは、どんなふうに関係しているのか。まずは、そのことから考えていきたい。

(永井《ながい》 均《ひとし》「〈子ども〉のための哲学」)

(1) ——線①「これ」が指しているのは、どのような主張ですか。「という主張。」に続くように本文中からぬき出し、初めと終わりの五字を書きなさい。

[　　　　　]〜[　　　　　]という主張。

(2) [②]にあてはまる言葉を次から選び、記号で答えなさい。

ア つまり　イ ところが
ウ そのうえ　エ さて

(　　)

❷ 次の文章を読んで、あとの問いに答えなさい。

都市には多くの人たちが生活し社会をつくっています。この人間社会の人と人のつながりが普段《ふだん》、都市住民の心を支《ささ》えていることは間違《まちが》いありません。また都市には一般《いっぱん》的に、公園緑地と呼《よ》ばれる森が存在しますが、この森は少なくとも現時点では食糧《しょくりょう》生産の場ではありません。ここに生息している動植物を狩猟《しゅりょう》・採集《さいしゅう》して食糧にしている人がいないからです。そこで都市住民は、公園緑地からもっぱら「やすらぎ」を得ていると考えられます。同様に都市を流れる河川《かせん》もきっと、やすらぎを与《あた》えていることでしょう。(中略《ちゅうりゃく》) 現代の大都市住民の多くは一九五〇年代以降《いこう》地方から集まった人々であり「心のふるさと」としての原風景を都市の外部、特に農村地帯にもっているのです。

(江崎保男《えざきやすお》「自然を捉《とら》えなおす」)

問 ——線「公園緑地と呼ばれる森」は、都市住民にとって、どのような場所ですか。「場所。」に続くように書きなさい。

（　　　　）場所。

3 次の文章を読んで、あとの問いに答えなさい。

脳《のう》に関係するものを、一般の人の言葉でどう表現すればいいかというと、私《わたし》はそれを「人工」と呼びます。どんな機械も建物《たてもの》も、人間のつくったものは脳がつくっています。きちんとつくるときはだいたい設計図《せっけいず》をつくっています。□、できてきたものはあらかじめ脳の中に入っていたのです。だから私たちは脳の中にいるのです。少なくとも私にはそう見える。

そうでないものを、私は自然と呼びます。たとえばわれわれの身体は、設計図をつくったものではないから自然にできています。社会や歴史を見ると、この人工と自然のバランスが、非常《ひじょう》にずれてきている。それが歴史を動かしている基本《きほん》的な原則《げんそく》だと思います。

（養老孟司《ようろうたけし》「まともバカ」）

(1) □にあてはまる言葉を次から選び、記号で答えなさい。

ア 実をいうと　**イ** ところが
ウ 逆《ぎゃく》にいうと　**エ** あるいは

（　　）

(2) ――線「人工」と「自然」はどこがちがうのですか。

（　　　　）

4 次の文章を読んで、あとの問いに答えなさい。

昔、春になると、ちょっとした池や小川には、どこにでもイモリがいた。

まっ黒い背中《せなか》は水底の泥《どろ》や落ち葉の上にいても、水をとおしてくっきりと見えた。そして、ちょっと体を傾《かたむ》けて腹《はら》を見せたら、そのまっ赤な色。アカハラとか赤腹イモリと呼ばれているとおり、毒々しいほどにはっきりした色だった。

背中を見ても腹側を見ても、およそ保護《ほご》色でないこの色は、まさに警告《けいこく》色である。かわいらしいイモリは、じつは毒をもっている。敵《てき》に襲《おそ》われたり、つかまれたりすると、イモリはその皮膚《ひふ》から白くて嫌《いや》な匂《にお》いのする液《えき》を出す。その液は口に入ったら苦く、ひりひりする。イモリをつかんでこの液のついた手で目をこすったりしたらたいへんだ。

だからイモリは水中であんなに目立つのに、大きな魚や肉食動物に食べられないらしい。アメリカにいるカリフォルニア・イモリという仲間では、皮膚のこの分泌《ぶんぴつ》液にフグ毒と同じ成分が含《ふく》まれていることがわかっている。日本のイモリのも、よく似《に》た物質《ぶっしつ》だそうである。イモリは、黒と赤のよく目立つ色で、自分が毒を持っていることを警告しているのだ。

（日高敏隆《ひだかとしたか》「ネコはどうしてわがままか」）

問 ――線「毒々しいほどにはっきりした色」とありますが、イモリがこのような色をしているのはなぜですか。

（　　　　）

ステップ2

勉強した日 月 日

時間 25分　合格点 70点　得点 点

1 次の文章を読んで、あとの問いに答えなさい。

①「わかる」ことは、コミュニケーションを閉《と》じる危険《きけん》とつねに背中《せなか》あわせです。

私《わたし》たちが話をしていて、つまらない相手というのがいますね。こちらの話をぜんぜん聴《き》いていない人です。

なんで私の話を聴いてくれないかというと、先方にはこちらの言うことが全部わかっているからです(少なくともご本人はそう思っているからです)。

その人にとっては、私は「いなくてもいい人間」なんです。だって、私の話はもうわかったから。「君の言いたいことはわかった」というのは、ですから「私の目の前から消えろ」という私の存在《そんざい》そのものを否定《ひてい》する＊遂行《すいこう》的なメッセージをも言外に発していることになります。

だから、私たちは「もう、わかったよ」と言われると傷《きず》つくのです。

聴き手に何の興味《きょうみ》も示《しめ》さないで熱く語り続ける語り手も、聴き手の存在を否定するメッセージを発信しているという点においては変わりません。

そういう人の話を聴かされると、私たちは弱い酸《さん》に侵《おか》されるように、深いところで傷つけられます。たとえば、校長先生の朝礼の訓示《くんじ》とか、式典に来賓《らいひん》で来ている市会議員の挨拶《あいさつ》みたいなものが、その典型です。そういうものを聴かされると人間は苦痛《くつう》を感じます。

これは苦痛を感じるのが、人間として正しい反応《はんのう》なんです。

こういう話が私たちに苦痛を与《あた》えるのは、そこでもやはり「扉《とびら》」が閉じられているからです。

「扉が閉じられたことば」というのは、先ほども書いたとおり、聴き手に向かって、「あなたはいなくてもいい」と告げることばのことです。「あなたが私の話の内容《ないよう》を理解《りかい》しようと理解しまいと、あなたがいようといまいと、私は今と同じことを言うだろう」と告げられて傷つかない人はいません。

ときどき「ひとりうなずき」をする人がいますね。自分で話していて、自分の話に自分でうなずく。私は「ひとりうなずき」の語り手と対面していると、②気が滅入《めい》ってきます。言っていることが間違《まちが》っているとか、癇《かん》に障《さわ》るとか、そういう次元のことではありません。「おまえが私の話に同意しようと反対しようと、私は私の話に同意する」というきっぱりとした「聴き手無視《むし》」の態度《たいど》に毒されて、なんだかこっちの生命力がよろよろと萎《な》えてきてしまうのです。

(内田《うちだ》 樹《たつる》「先生はえらい」)

＊遂行的なメッセージ＝自分の思い通りにやり通そうとする意志《いし》をふくんでいるメッセージ。

(1) ——線①「『わかる』ことは……背中あわせです。」とありますが、これは具体的にどういうことですか。最も適《てき》切《せつ》なものを次から選び、記号で答えなさい。(20点)

ア 間違った理解をしていても気づかないままになってしまう可能《かのう》性が大きいということ。

イ これ以上話を聞かないという態度によって語り手の存在の否定にも通じるということ。

ウ 語り手に対する思い入れが強すぎて、かたよった理解をする可能性が強いということ。

エ 語り手の考えを先回りして読むことで、話す意欲《いよく》をうばってしまうということ。

（　　）

(2) ——線②「気が滅入ってきます」とありますが、それはなぜですか。最も適切なものを次から選び、記号で答えなさい。(20点)

ア 聴き手である自分の存在を無視されているようで、語り手の話を聴こうという気力をなくすから。

イ 語り手の一方的な論理《ろんり》に対して、聴き手である自分が何も反論できないという無力感におちいるから。

ウ 強引に相手の同意を求めようとする語り手の態度に対して、聴き手の自分は不快《ふかい》感をおぼえるから。

エ 相手の考えはわかりきっているという語り手の態度が、聴き手の自分にはわずらわしく思えるから。

(桐蔭学園中―改)　（　　）

---

2 次の文章を読んで、あとの問いに答えなさい。

一番むずかしいのはなにかというと、「複雑《ふくざつ》な内容を持ったものをわかりやすく書く」ということです。これほどむずかしいことはありません。内容がわかりにくいものなら、その内容に引きずられて、文章の方だってわかりにくくなってしまいます。そこを引きずられずに、「ウーン」とうなりながら、他人のために表現《ひょうげん》をわかりやすくする——文章を書くうえで一番むずかしいことはこれです。「複雑なことをかんたんにわかりやすく書く」というのは、文章を書くうえでの高等テクニックですが、「それができるようになるにはどうすればいいのか？」ということの答は一つです。「〝むずかしい内容〟をこわがらず、〝むずかしい内容を持った文章〟に慣《な》れる」——これだけです。

(橋本《はしもと》 治《おさむ》「これで古典がよくわかる」)

(1) ——線「文章を書くうえでの高等テクニック」と、筆者が述《の》べているのは、どのようなことですか。(30点)

（　　）

(2) ——線「文章を書くうえでの高等テクニック」ができるようになるには、どうすればいいですか。(30点)

（　　）

17 説明文・論説《ろんせつ》文を読む (2)

学習のねらい
事実と意見を区別しながら段落《だんらく》の構成《こうせい》をつかみ、結論が書かれているか所を見つけて筆者の主張《しゅちょう》をとらえられるようにする。

勉強した日　月　日

ステップ1

❶ 次の文章を読んで、あとの問いに答えなさい。

＊ホモ・ネアンデルターレンシスが二万数千年前までにどうして滅《ほろ》んでしまったのかはよくわからないが、＊ホモ・サピエンスとの直接的《ちょくせつ》な戦いの結果敗れたというわけではなさそうだ。イスラエルでは、ネアンデルタール人とホモ・サピエンスが同じ場所で数万年にわたり生活していたことが知られている。また、三万六〇〇〇年前頃《ごろ》に、ヨーロッパでは「＊シャテルペロン文化」と呼《よ》ばれる石器文化があったが、それはホモ・サピエンスの石器文化を真似《まね》たものだろうと考えられている。ネアンデルタール人は、脳《のう》の容量《ようりょう》は大きかったものの、前頭葉はあまり発達していなかったというから、知性《ちせい》では基《き》本《ほん》的にホモ・サピエンスよりも劣《おと》っていたのだろう。

（池田清彦《いけだきよひこ》「38億年　生物進化の旅」）

＊ホモ・ネアンデルターレンシス＝ヨーロッパから西アジアにかけて分布《ぶんぷ》した旧《きゅう》人類。
＊ホモ・サピエンス＝現在《げんざい》、地球上に住む人類。
＊シャテルペロン文化＝ネアンデルタール人が営《いとな》んだ文化だと考えられている。

(1) ――線「ホモ・サピエンスとの……なさそうだ」とありますが、筆者は、どんなことからそう考えたのですか。それをまとめた次の文中の ① ・ ② にあてはまる言葉を、本文中からぬき出して書きなさい。

・ネアンデルタール人とホモ・サピエンスが ① で数万年にわたり生活していたこと。
・ネアンデルタール人が、ホモ・サピエンスの石器文化を ② と考えられること。

①
②

(2) ――線部以外に筆者の考えが述《の》べられている一文をさがし、初めの五字をぬき出しなさい。

❷ 次の文章を読んで、あとの問いに答えなさい。

御存知《ごぞんじ》のように魚介《ぎょかい》を原料とする醤油《しょうゆ》は東南アジアの得意技《わざ》でありまして、ベトナムのニョク・マム、タイのナンプラ、フィリピンのパティ、インドネシアのケチャップ・イカンなどが有名ですが、ラオスにもナン・パがあるのです。メコン河《がわ》の恵《めぐ》みである淡水《たんすい》魚を原料にして、それに塩をいっぱい加えて長期間発酵《はっこう》、熟成《じゅくせい》させ、その上澄液《うわずみえき》を掬《すく》い取《と》ったり濾《こ》したりしたものです。（中略《ちゅうりゃく》）

何せ、淡水魚料理の多いラオスでは、その魚の泥臭《どろくさ》さや生臭さを消すのに多くの香辛《こうしん》料や調味料が使われますが、その中にあってナン・パは、それらの臭《にお》いを消すのに大きく貢献《こうけん》しているのであります。本来、そのような不快《ふかい》な臭いを持つ魚を原料にして醸《かも》した調味料が、その後はこのように料理用の魚の嫌《いや》な臭気《しゅうき》を消してしまうのですから、まったく発酵や熟成の力というのは偉大《いだい》なものですねえ。

（小泉武夫《こいずみたけお》「アジア怪食《かいしょく》紀行」）

問 ――線「発酵、熟成」についての筆者の感想をまとめた部分を、本文中から二十字以内でぬき出しなさい。

３ 次の文章を読んで、あとの問いに答えなさい。

1 壮年《そうねん》時代は豊《ゆた》かな老後のためにがんばって働く。老後を迎《むか》えれば、いまじぶんがこうして豊かな老後を過《す》ごせているのは、若《わか》いときにがんばっておいたからだと満足する。こういう生き方は、本人の思いとは反対に、じつはもっとも貧《まず》しい生き方なのかもしれない。

2 ここでは現在《げんざい》がいつも、不在の未来、不在の過去《かこ》と関係づけられてはじめて意味をもつ。「豊かな老後のために」、あるいは「若いときにがんばっておいたから」……どちらも現在は現在でないものによって意味づけられる。現在がそれだけで輝《かがや》いてはいないのである。老後には、職場《しょくば》での義務《ぎむ》から解《かい》放《ほう》され、親の介護《かいご》も終え、やっと時間がぜんぶじぶんのために使える「時間貴族《きぞく》」になれるはずなのに、実際《じっさい》には時間をもてあましたり思い出に浸《ひた》ったりするというのは、淋《さび》しいことだ。世にいう「まじめ」なひとほど未来への準備《じゅんび》をきちんとするので、老後という、さらにその先を考えにくいライフ・ステージではじぶんのしていることに意味を見いだすのが難《むずか》しくなる。

3 世にいう「ふまじめ」なひとは、若いころから仕事一筋《ひとすじ》ではなく、趣味《しゅみ》や遊びや交遊にも熱心なので、そのひとつが減《へ》ったところでへこたれない。人生を一本の線と考えないから、そのつどオール・オア・ナスィングの選択《せんたく》を迫《せま》られたりしない。だから時間ができるとむしろ解放感にひたる。

（鷲田清一《わしだきよかず》「てつがくを着て、まちを歩こう」）

(1) 生き方についての筆者の結論が述べられているのは、どの段落ですか。1～3の番号で答えなさい。

(2) 老後に時間ができたときの、「まじめ」な人と「ふまじめ」な人の様子を本文中から読み取り、それぞれ書きなさい。

・まじめ（　　）

・ふまじめ（　　）

ステップ2

時間 25分　合格点 70点　得点 　点

勉強した日 　月 　日

1 次の文章を読んで、あとの問いに答えなさい。

睡眠《すいみん》時間は人によって異《こと》なるが、もし日に平均《へいきん》七〜八時間の睡眠をとれば、一日の約三分の一は眠《ねむ》っていることになる。人生九十歳《さい》まで生きたとすれば、なんと三十年間を眠って過《す》ごすことになる。なにごとも合理主義、効率主義《こうりつしゅぎ》の時代である。もし、睡眠時間を半減《はんげん》できるようなことになれば、活動可能《かのう》な時間は飛躍《ひやく》的に増加《ぞうか》する。人類にとって革命《かくめい》的なできごととなろう。

一般《いっぱん》人が果たしてどれほど睡眠時間を削《けず》れるかはともかく、ナポレオンの三時間睡眠は有名であり、エジソンもまた短眠主義者だった。逆《ぎゃく》に、好きなだけ長く眠らせると、かえって寝起《ねお》きが悪くなり、しかも注意力や作業能率も低下するという実験結果が出ている。限度《げんど》を超《こ》えた極端《きょくたん》な長眠は、かえって逆効果のようだ。しかし、睡眠時間を削ってまで活動するには、〝眠り〟はあまりにも魅力《みりょく》的すぎる。

（中略《ちゅうりゃく》）

この世に生を享《う》けてから、死ぬまでの時間には限《かぎ》りがある。有限な人生であればこそ、時間は貴重《きちょう》だ。人間は生きるために働き、働くためにその貴重な時間の大半を費《つい》やす。しかし、そうした多忙《たぼう》の中にあっても、何とかして自分自身を生きる時間を確保《かくほ》したいと願うのが人間である。自分自身の時間を、どのように過《す》ごすかはその人の人生そのものだといっても過《か》言《ごん》ではあるまい。本来、趣味《しゅみ》とかレジャーそのものは、非生産的であるところに特徴《とくちょう》がある。旅行に出かけようが、盆栽《ぼんさい》の手入れをやろうが、惰眠《だみん》を貪《むさぼ》ろうが構《かま》わない。いずれも金《かね》儲《もう》けの次元を離《はな》れ、価値《かち》ある時間を〝浪費《ろうひ》する〟という点で、贅沢《ぜいたく》な趣味なのである。

数ある趣味の中で、睡眠ぐらい手軽にできるものはない。食事や旅行、スポーツといった趣味はお金が絡《から》んでくるが、眠るという行為《こうい》は、いつでも、どこでも、誰《だれ》でも、条件《じょうけん》さえ揃《そろ》えば可能だ。①人類に平等に与《あた》えられた趣味といえる。しかし、どんなに睡眠が心地よく、贅沢で手軽な趣味だとはいえ、時と場所によっては命とりになりかねない。生命が危《あや》うくなると分かってはいても、抗《こう》し難《がた》い睡魔《すいま》に襲《おそ》われることもある。車の運転中に、うっかり居眠《いねむ》りすれば、永眠《えいみん》する結果となる。冬山で遭難《そうなん》し、寒さと空腹《くうふく》の極限をさ迷《まよ》うときも、睡魔が忍《しの》び寄《よ》ってくる。睡眠はさぞ心地よいに違《ちが》いない。しかし、②同時に、この上なく危険《きけん》な行為でもある。

自分の意志《いし》に抗して襲ってくる睡魔とは何なのだろうか。*フロイトの夢分析《ゆめぶんせき》のように、自分でさえも自覚していない世界を垣間《かいま》見せてくれる睡眠とは何なのか。睡眠や夢は、睡眠中には自覚不可能な世界である。目が覚めた時点で、いま自分が眠っていたとか、夢を見ていたと初めて自覚する世界である。この不可思議な睡眠の正体は何とも奥《おく》が深いようだ。

（唐沢孝一《からさわこういち》「ネオン街に眠る鳥たち」）

*フロイト＝オーストリアの精神《せいしん》医学者。精神分析を始めた。

(1) ――線①「人類に……趣味といえる。」とありますが、筆者が睡眠をこのように言うのはなぜですか。（20点）

（　　　　　　　　）

(2) ――線②「同時に……行為でもある」とありますが、筆者はどんな例を挙げていますか。二つの例を、本文中の言葉を使ってそれぞれ十二字以内で書きなさい。（10点×2―20点）

・□□□□□□□□□□□□
・□□□□□□□□□□□□

(3) 筆者は、睡眠をどのようなものととらえていますか。「なもの。」に続くように、本文中から四字の言葉をぬき出しなさい。（20点）

□□□□なもの。

2 次の文章を読んで、あとの問いに答えなさい。

「林業」と聞くと、どんな情景《じょうけい》をイメージするだろうか。

ある人は、伐採《ばっさい》シーンだと言う。森の木をどんどん切《き》り倒《たお》して木材を持ち出す光景を思《おも》い浮《う》かべる。だから、林業とは自然破壊《はかい》産業だとする声も出てくる。

一方で、山に木を植えたり下草を刈《か》り取《と》る様子を脳裏《のうり》に描《えが》く人もいる。だから、森をつくり育てる仕事だと。この場合、林業は緑化を進める環境《かんきょう》産業となる。

こうしたイメージは、どちらも林業の一面ではあるが、いずれも正しく林業を捉《とら》えていない。人が山や森に手を加える姿《すがた》の一部を切り取っただけだからだ。木を植える部分、あるいは木を伐る作業だけに注目するのでは、林業の本質《ほんしつ》を見誤《みあやま》ってしまうだろう。

私《わたし》は、木を植えるところからスタートして、何十年もかけて森を育てたうえで収穫《しゅうかく》(伐採)し、さらに木を求める人々に供《きょう》するまでの流れ全体を林業だと考えている。

（田中淳夫《たなかあつお》「森林異変《いへん》 日本の林業に未来はあるか」）

(1) ――線「自然破壊産業」と反対の意味で使われている四字の言葉を、本文中からぬき出しなさい。（20点）

□□□□

(2) 筆者の林業についての考えがまとめられている一文をぬき出し、初めの五字を書きなさい。（20点）

□□□□□

ステップ３

時間 45分　合格点 70点　得点　点

勉強した日　月　日

1 次の文章を読んで、あとの問いに答えなさい。

現代《げんだい》では、数学や社会や法律《ほうりつ》は教え込《こ》まれても、コンピューターやワープロや先端技術《せんたんぎじゅつ》の扱《あつか》い方《かた》は学んでも、もっとも重要でもっともいま必要な教育がなされていないと思います。それは、人生というものの無限《むげん》の価値《かち》、生命の尊厳《そんげん》、あるいは宇宙《うちゅう》や大自然の中における人間の重大さです。

もっとも、①こういう教育は戦前も、むろん戦時中もなされていません。しかし技術偏重《へんちょう》、テクノロジー優先《ゆうせん》の社会がつづく以上、それと対面的な「人間らしい生活の見なおし」教育がなされていいわけです。しかも、これはつねに社会の中では声を大にして求められていたわりには効果《こうか》がない。それは、幼児《ようじ》期からそのような教育がなされていないことが原因《げんいん》です。幼児期、少年期のもっとも鋭敏《えいびん》に情報《じょうほう》が吸収《きゅうしゅう》されるべき時期に、それらがほとんど無視《むし》されて技術教育、人づくり教育に占《し》められてしまうことを、はなはだ残念に思っています。

人命はかけがえがなく、人生はたった一度しかなく、死によってすべてが失われること、それと人間と同じ生命が自然界にみち、それらが密接《みっせつ》に相互《そうご》関係を保《たも》ちながら地球が存在《そんざい》するということ、地球はわれわれが住める［②］の天体であること、という問題まで、積極的に教え込んでいく教育が、いまこそ必要なのではないかということです。

（中略《ちゅうりゃく》）

ぼくは厚生《こうせい》大臣の勉強会である「生命と倫理《りんり》に関する懇談《こんだん》会」の委員をしていまして、そこで教科書問題を取り上げたことがありました。そのときにぼくは、なぜ小学校の一年生から命というものの全体を教える教科書がないのかと言ったことがあります。

一年生の国語の教科書の最初のページを広げたときに、われわれの時代は「咲《さ》いた。咲いた。さくらが咲いた」とか、「はな。はと。豆」でした。ぼくなら、その教科書の最初のページに、ちょうちょが飛んでいる絵を描《か》いて、

「ちょうちょが飛んでいます。楽しそうですね」

つぎの見開きに、こんどはクモの巣に引っかかったちょうちょを描いて、

「ちょうちょが死んでいます。かわいそうですね」

こういうところからはじめたいと思います。

それは、子供《こども》たちがじっさいに見ているものです。死んでいる虫も、生きている虫も見ているのです。そこで、なぜ死んだのだろう、クモの巣に引っかかったからだ。クモが食べてしまった。なんでクモが食べるのかというようなところか

らいろいろな疑問《ぎもん》がわいてくる、いろいろな質問《しつもん》が出てくると思うのです。③そこらへんからジワジワ命の大事さ、あるいは命の神秘《しんぴ》さみたいなものを教えていくというような教科書があったらいいのではないかなという気がするのです。

残念ながらそういう教科書はありません。しかし、みなさんが小さいお子さんをお持ちだったり、お孫さんがおありだったなら、もしも近くに病気の人がいたり、亡《な》くなった人がいたり、または動物とか、植物とかの話を、生きるということに引っかけてちょっとお話しいただきますと、その子供たちの将来《しょうらい》にとってどんなにプラスになるかと思っています。

④いまの子供をめぐる状況《じょうきょう》のなかで、大きく欠けているものがあります。それは冒険《ぼうけん》です。

冒険小説というのがわれわれの世代にはありました。いまでは、冒険映画《えいが》とか、冒険マンガなどが若者《わかもの》の心をいやしています。冒険というのは何でしょう。それは言うまでもなく未知のものへの挑戦《ちょうせん》です。

現在の教育やしつけのなかで、この冒険心の育成がもっとも欠けています。合理主義《ごうりしゅぎ》のなかで、子供時代から安全を第一義とした文化が与《あた》えられ、危険《きけん》は大人の手で刈《か》りとられています。だれだって失敗は許《ゆる》されない。そんなことをすれば落伍《らくご》するどころか家庭や身内にまで累《るい》を及《およ》ぼす。だからつとめて⑤他人の尻馬《しりうま》に乗るか石橋を叩《たた》く主義で世の中を渡《わた》る、それが教訓だというようにしつけられます。危険だから刃物《はもの》は持つな、危険な遊びをするな、知らぬ場所へ行くな、けんかはするな、何か起こると親が出ていって処理《しょり》してしまう。だから子供はいくじなく傍観《ぼうかん》するか、大人まかせです。

昔はかならず町に空地《あきち》とか林があって、そこはガキ大将《だいしょう》に率《ひき》いられた子供たちの遊び場、というより「国」のような場所でした。いじめられっ子のぼくでさえも、兵隊ごっこやインディアンごっこには加わりました。そして、だれもが膝小《ひざこ》僧《ぞう》にすり傷《きず》をいっぱいつくって血だらけになって帰って来ても、親も先生もなんにも言わなかったものです。

（手塚治虫《てづかおさむ》「ぼくのマンガ人生」）

(1) ――線①「こういう教育」とは、どんな教育のことですか。最も適切《てきせつ》なものを次から選び、記号で答えなさい。(10点)

ア 数学や社会や法律、コンピューターやワープロや先端技術の扱い方を合理的に学ぶことができる教育。

イ 人生の無限の価値、生命の尊厳、あるいは宇宙や大自然の中における人間なのだということを知る教育。

ウ 幼《おさな》い頃《ころ》から生命をおたがいに大事にするとか、生きものの死から弱肉強食の関係を理解《りかい》させられる教育。

エ 人生はたった一度しかなく、死によってすべてが失われることを知り、それに対応できる技術教育や人づくり教育。

（　　）

(2) ②にあてはまる四字熟語《よじじゅくご》について、次のA・Bにそれぞれ漢数字を入れて四字熟語を完成させなさい。(10点)

・唯《ゆい》A無B

A [　　]　B [　　]

(3) ——線③「そこらへんから……教えていく」とありますが、筆者は命の大事さをどういう方法で教えればいいと考えていますか。本文中の言葉を使って、五十字以内で書きなさい。(20点)

(4) ——線④「いまの……冒険《ぼうけん》です。」とありますが、冒険が欠けてしまった理由が書いてある部分を「るから。」に続くように本文中から三十一字でぬき出し、初めと終わりの五字を書きなさい。(10点)

[　　　　　]〜[　　　　　]るから。

(5) ——線⑤「他人の……主義《しゅぎ》」になってしまうのはなぜですか。最も適切《てきせつ》なものを次から選び、記号で答えなさい。(15点)

ア 子供《こども》に危険《きけん》をおかさせない何もかも安全なパッケージが用意されてしまうから。

イ どんな環境《かんきょう》におかれても事態《じたい》を乗《の》り越《こ》えてタフに生きのびる根性《こんじょう》を培《つちか》えるから。

ウ 夢《ゆめ》や空想が、幼い日の強い記憶《きおく》として残れば、明るい社会人になれるから。

エ 失敗をすれば落伍《らくご》するどころか家庭や身内にまで累《るい》を及《およ》ぼしてしまうから。

(　　)

(法政大中—改)

2 次の文章を読んで、あとの問いに答えなさい。

霊長類《れいちょう》というのは哺乳類《ほにゅう》(綱《こう》)の中の一つの目《もく》であり、ラテン語でプリマーテスといい、サルとヒトを含《ふく》む分類群《ぐん》の名称《めいしょう》です。英語でも同じくプライメーティズ(primates)といいますが、prima はプリマドンナのプリマで、動物界で第一級のもの、そういう意味からつけられたものです。

この分類の仕方からもわかるように、ヒトはサルから進化したといわれます。このことは科学的には間違《まちが》いありませんが、ここで、いちばんはじめに問題にしたいのは、①なぜサルからヒトという高等な動物が進化してきたかということです。サル以外にも、ひじょうに知能《ちのう》の高い動物がいます。たとえば食肉目のオオカミ、クジラ目のイルカ、あるいはゾウだとか、ひじょうに賢《かしこ》い動物がけっこういるのに、そういう連中が、なぜ何百万年あるいは千万年以上の時間をかけて、ヒトとまではいかなくても、それに類するくらいの高等な動物を生みだす培地《ばいち》にならなかったのか、なぜサルだけがヒト化への道を用意したのか、という問題を考えてみたいのです。

いままでの説では、木登り説というのがあります。つまり、サルは森林で暮《く》らしていますから、森林の樹上《じゅじょう》生活のなかでいろんな適応形態《てきおうけいたい》を獲得《かくとく》したわけですが、そのなかで最も大事なのが木登りのための適応形質《けいしつ》の獲得です。その一つが、よくいわれるように拇指《ぼし》対向《たいこう》性です。拇指と他の指が向かいあっていて、ものをつかむマニピュレーション（指使い）がうまくできる。それから爪《つめ》は平爪になった。ライオンは鉤爪《かぎづめ》ですし、ウマは蹄《ひづめ》ですが、サルは平爪になって指紋《しもん》ができた。②こうした形質は樹上生活にとってたいへんに便利なことですが、もう一つ大事な問題は、サルは、視覚《しかく》による認知《にんち》が全部両眼視《りょうがんし》であって、さらに色が見えるということです。哺乳類で色の見えるのはサルだけです。そのかわり嗅覚《きゅうかく》が衰《おとろ》えた。ふつうの哺乳類はおおかた匂《にお》いの世界の動物で、目はあまりよくないし、色盲《しきもう》です。またサルでは手足が分化して、足の指が手に似《に》た働きをします。ヒトほどはっきり分化していませんが、「サルの手」といってもそれほどおかしくない。しかし「ウマの手」とはいわないでしょう。以上のように、従《じゅう》来《らい》は、サルの進化について、おもに③形態学的な立場から説明されることが多かったわけです。

これらの特徴《とくちょう》は、たしかにサルをサルたらしめた要件《ようけん》ではありますが、それだけでは不十分です。たとえば樹上生活というものを生態学的な観点から見直して、進化史的に展望《てんぼう》することが必要です。これについては、いままでいわれた木登り説のほかに、なぜサルは一産一子、つまり、子どもは一匹《ぴき》しか産まないのか。それから生理的早産をするとか、成長速度がひじょうに遅《おそ》くなったとか、こういった問題があります。この問題について私《わたし》は、かつて生態学的な立場から、『森林がサルを生んだ』（一九七九年　平凡《へいぼん》社）でもいろいろ考えてきました。つまり、こういったことがサルの社会や文化の基盤《きばん》になっていくのであって、それは結局、樹上生活から導《みちび》きだされたものだと論《ろん》じてきました。

（河合雅雄《かわいまさを》「サルからヒトへの物語」）

(1) ——線①「なぜサルから……進化してきたか」とありますが、筆者がこのことを問題にする理由をまとめた次の文中の A ・ B にあてはまる二字の言葉を、本文中からぬき出しなさい。（10点）

・サル以外にも A の高い動物がいるのに、それらはヒトに類する高等動物を生みだす B にはならなかったから。

A

B

(2) ——線②「こうした形質」が指すものを、二つ書きなさい。（10点×2—20点）

（　　　）

（　　　）

(3) ——線③「形態学的な立場」と対《つい》になる七字の言葉を、本文中からぬき出しなさい。（5点）

18 詩を読む

学習のねらい
詩には、反復法《はんぷくほう》、対句法《ついくほう》、倒置法《とうちほう》などのさまざまな表現技法《ひょうげんぎほう》が使われる。それらの技法に着目しながら、作者の感動の中心をとらえられるようにする。

勉強した日　月　日

ステップ1

1 次の詩を読んで、あとの問いに答えなさい。

お魚　　金子《かねこ》みすゞ

海の魚はかわいそう。

お米は人につくられる、
牛は牧場で飼《か》われてる、
鯉《こい》もお池で麩《ふ》を貰《もら》う。

けれども海のお魚は
なんにも世話にならないし
いたずら一つしないのに
こうして私《わたし》に食べられる。

ほんとに魚はかわいそう。

(1) 二度くり返されている七字の言葉を、詩の中からぬき出しなさい。

□□□□□□□

(2) 「魚はかわいそう」とありますが、その理由を説明した次の文中の ① ・ ② にあてはまる言葉を、詩の中からぬき出しなさい。

・米のように人に栽培《さいばい》されたものでもなく、牛や鯉のように人に ① たものでもないし、何か悪いことをしたわけでもないのに、人に ② てしまうから。

① □□□
② □□□□

(3) この詩の説明として最も適切《てきせつ》なものを次から選び、記号で答えなさい。

ア 食べるからには、魚も牛や鯉のように人の手で育てるべきだと主張《しゅちょう》している。

イ 命を守るためには他の命をうばわなくてはならないという根源《こんげん》的な悲しみをうたっている。

ウ 魚は人が世話をしたものではないのだからできるだけ食べるべきではないとうったえている。

エ 魚が人に食べられるのは前世で悪いことをした報《むく》いだという宗教観《しゅうきょうかん》を表現している。

（　　）

2 **次の詩を読んで、あとの問いに答えなさい。**

山頂《さんちょう》から　小野十三郎《おのとおざぶろう》

山にのぼると
①海は天まであがってくる。
なだれおちるような若葉《わかば》みどりのなか。
下の方で　しずかに
かっこうがないている。
風に吹《ふ》かれて高いところにたつと
だれでもしぜんに世界のひろさをかんがえる。
ぼくは手を口にあてて
なにか下の方に向かって②叫《さけ》びたくなる。
五月の山は
ぎらぎらと明るくまぶしい。
きみは山頂より上に
青い大きな弧《こ》をえがく
水平線を見たことがあるか。

(1) この詩に用いられている表現技法を次から一つ選び、記号で答えなさい。

ア 反復法(同じ言葉を何度もくり返す)
イ 比喩《ひゆ》法(あるものにたとえて印象を強める)
ウ 対句法(対になる言葉を使って、対照的に表す)
エ 倒置法(語順を入れかえて強調する)
（　　）

(2) ――線①「海は天まであがってくる。」とは、どういうことですか。これを説明した次の文中の ① ・ ② にあてはまる言葉をあとから選び、記号で答えなさい。

・ ① 登っていくにつれて、海が ② 見わたせるようになり、まるで海が天の方にせりあがってくるように見えるということ。

ア 広く　イ 近く　ウ 高く　エ 深く

①（　　）②（　　）

(3) ――線②「叫びたくなる」のはなぜですか。最も適切なものを次から選び、記号で答えなさい。

ア 自然の雄大《ゆうだい》さに感動しているから。
イ かっこうを鳴きやませようとするから。
ウ 風の強さを下の人たちに知らせようとするから。
エ 山のまぶしさをまぎらわそうとするから。
（　　）

(4) この詩の感動の中心はどこにありますか。最も適切なものを次から選び、記号で答えなさい。

ア ぎらぎらと強いかがやきを放つ五月の山のまぶしいほどの美しさ。
イ 下の方で鳴くかっこうの声によってより強調される山頂の静けさ。
ウ 険《けわ》しい山はだをおおいつくす五月の若葉の、むせ返るように強烈《きょうれつ》な色彩《しきさい》。
エ 山頂より上にあるように見える、青い大きな水平線のすばらしさ。
（　　）

ステップ2

勉強した日	時間	合格点	得点
月　日	25分	70点	点

1 次の詩を読んで、あとの問いに答えなさい。

棒高飛《ぼうたかとび》　村野四郎《むらのしろう》

彼《かれ》は地蜂《じばち》のように
長い棒をさげて駆《か》けてくる
そして当然のごとく空に浮《うか》び
上昇《じょうしょう》する地平線を追いあげる
ついに一つの限界《げんかい》を飛びこえると
彼は支《ささ》えるものを突《つ》きすてた
彼には落下があるばかりだ
おお　力なくおちる
いまや醜《みにく》く地上に＊顚倒《てんとう》する彼の上へ
突如《とつじょ》　ふたたび
地平線がおりてきて
はげしく彼の肩《かた》を打つ

＊顚倒＝ひっくり返ること。

(1) ――線「上昇する地平線を追いあげる」とは、どういうことですか。これについて説明した次の文中の ① ・ ② にあてはまる言葉をあとから選び、記号で答えなさい。(20点)

・飛び上がった体が高くなるにつれて、「彼」には ① が上がっていくように見え、まるで ② がそれを押《お》し上《あ》げているように思える錯覚《さっかく》を表している。

ア 地蜂　イ 地平線
ウ 地上　エ 自分

①（　　）②（　　）

(2) ――線「上昇する地平線を追いあげる」と反対の状況《じょうきょう》をえがいた一行を、詩の中からぬき出しなさい。(10点)

（　　）

(3) 「空」「上昇」の対義《たいぎ》語を、それぞれ詩の中からぬき出しなさい。(10点)

空―［　　］　上昇―［　　］

(4) この詩の特徴《とくちょう》の説明として最も適切《てきせつ》なものを次から選び、記号で答えなさい。(15点)

ア 棒高飛をする選手の次々に移《うつ》り変《か》わる心理をみごとにえがききっている。
イ 観客席から見える選手の動きを、昆虫《こんちゅう》の動きと対比《たいひ》しながらえがいている。
ウ 棒高飛という競技《きょうぎ》のざんこくさを、選手の苦しみを追いながらみごとにえがきだしている。
エ 瞬間《しゅんかん》的な肉体の動きを、まるでスローモーション画像《がぞう》のように、細かく正確《せいかく》にとらえている。

（　　）

2 次の詩を読んで、あとの問いに答えなさい。

*道程《どうてい》　高村光太郎《たかむらこうたろう》

僕《ぼく》の前に道はない
僕の後ろに道は出来る
ああ、自然よ
父よ
僕を一人立ちにさせた広大な父よ
僕から目を離《はな》さないで守る事をせよ
常《つね》に父の*気魄《きはく》を僕に充《み》たせよ
この遠い道程のため
この遠い道程のため

*道程＝ある場所・状態《じょうたい》に至《いた》るまでの道のり。
*気魄＝強い精神《せいしん》力。

(1) この詩に用いられていない表現《ひょうげん》技法《ぎほう》を次から選び、記号で答えなさい。(10点)

ア 反復《はんぷく》法(同じ言葉を何度もくり返す)
イ 比喩《ひゆ》法(あるものにたとえて印象を強める)
ウ 対句《ついく》法(対になる言葉を使って、対照的に表す)
エ 行分け(行分けにより感動を表す)

(　　)

(2) この詩の中の「父」は、どのような存在《そんざい》ですか。最も適切なものを次から選び、記号で答えなさい。(15点)

ア 「自然」と同じものを指していて、何もしないで自然に生きていくよう「僕」を見守る存在。
イ 人間を超《こ》えた存在で、やさしいだけではなく、「僕」をきびしく見守ってくれる存在。
ウ 現実《げんじつ》の父を「自然」とダブらせた存在で、「僕」が目標とする大きなもの。
エ 現実の父の偉大《いだい》さを「自然」にたとえた存在で、「僕」を一人立ちさせてくれたもの。

(　　)

(3) この詩の説明として最も適切なものを次から選び、記号で答えなさい。(20点)

ア 作者はこれまでの人生の道のりを苦い思いでふり返っている。そして、人間を超えた大きな力にすがって、これからの人生を歩もうとしている。
イ 作者はこれまでの人生をほこりをもってふり返り、これからも変わらず見守ってほしいと人間を超えた大きな「自然」に祈《いの》っている。
ウ 「道程」は作者が歩んできた道のりでもあり、これから歩もうとしている道のりでもある。これからの人生を誠実《せいじつ》に生きていこうとする作者の決意がうたわれている。
エ 「道程」は作者が人生の目標としてかかげた道すじであり、人生での成功を必ず勝ち取ってみせると自らをふるい立たせている。

(　　)

19 短歌・俳句《はいく》を読む

学習のねらい

短歌は五・七・五・七・七、俳句は五・七・五という、それぞれ決まった音数のリズムの中にある言葉のひびきや季節を感じ取りながら、作者の感動をとらえられるようにする。

勉強した日　月　日

ステップ1

❶ 次の短歌を読んで、あとの問いに答えなさい。

くれなゐ《い》の二尺《しゃく》伸《の》びたる薔薇《ばら》の芽の針《はり》やは《わ》らかに春雨《はるさめ》のふる　正岡子規《まさおかしき》

(1) この歌をうたったのは、どの季節ですか。（　　）

(2) 「くれなゐ（紅《くれない》）」は、あざやかな赤色のことです。何がくれない色なのですか。歌の中の言葉で書きなさい。（　　）

(3) この歌では、同じ音のくり返しがリズムを生んでいます。その音をぬき出しなさい。（　　）

(4) この歌の鑑賞《かんしょう》文として最も適切《てきせつ》なものを次から選び、記号で答えなさい。（　　）

ア 薔薇の芽が真《ま》っ赤《か》に色づいて今にも咲《さ》こうとしている。生長すればするどい硬《かた》さを見せる針も今はまだやわらかそうだ。そしてどちらも細やかな春雨に包まれている。

イ 真っ赤な薔薇の芽が長く伸びきってしまい、春雨にぬれて重くたれ下がってしまっている。

ウ 長く伸びた薔薇の針が真っ赤に色づいている。その針のするどさをやわらげるように、春雨が静かに降《ふ》っている。

エ 真っ赤な花をつけた薔薇には、まだ咲いていない芽もある。そして、やわらかく生長しつつある針にもはげしい春雨が降り注いでいる。

❷ 次の俳句を読んで、あとの問いに答えなさい。

閑《しず》かさや岩にしみ入る蟬《せみ》の声　松尾芭蕉《まつおばしょう》

(1) この句がよまれたのは、どの季節ですか。また、それはどの言葉からわかりますか。

① 季節…（　　）　② 言葉…（　　）

(2) この句は、どこでよまれたと考えられますか。最も適切なものを次から選び、記号で答えなさい。（　　）

ア 町の中。　イ 岩山の上。　ウ 家の中。

(3) この句の解説《かいせつ》として最も適切なものを次から選び、記号で答えなさい。

ア 蟬の声のあまりのうるささをわすれるために、作者はあえて「閑かさや」とよんでみた。

イ 本来はうるさい蟬の声だが、遠くで鳴いているためにかえって静かさを強調しているように感じられる。

ウ うるさいはずの蟬の声だが、作者は広大な世界の静かさを感じ取っている。

エ ふつうはうるさいものと思われる蟬の声だが、周囲の岩々にさえぎられてかすかにしか聞こえない。

（　　）

3 次の短歌を読んで、あとの問いに答えなさい。

A 東《ひむがし》の野に炎《かぎろひ（い）》の立つ見えてかへ（え）り見すれば月傾《かたぶ》きぬ　柿本人麻呂《かきのもとのひとまろ》

B この里に手まりつきつつ子どもらと遊ぶ春日《はるひ》は暮《く》れずともよし　良寛《りょうかん》

C 東海の小島の磯《いそ》の白砂にわれ泣きぬれて蟹《かに》とたは（わ）むる　石川啄木《いしかわたくぼく》

問 A～Cの歌の解説として適切なものを次から選び、それぞれ記号で答えなさい。

ア 子どもたちと遊ぶ楽しさをむじゃきにうたっている。

イ 小さな行為《こうい》が世界を変える大きな希望をうたっている。

ウ 春の野の夜明けの雄大《ゆうだい》な景色《けしき》を格調《かくちょう》高くうたっている。

エ 広い浜辺《はまべ》にうずくまる自分の小さな姿《すがた》をえがいている。

A（　　）　B（　　）　C（　　）

4 次の俳句を読んで、あとの問いに答えなさい。

A 山路《やまじ》来て何やらゆかしすみれ草《ぐさ》　松尾芭蕉《まつおばしょう》

B 斧入《おのい》れて香《か》におどろくや冬こだち　与謝蕪村《よさぶそん》

C 山おりて人なつかしき夕がへ（え）る　高浜虚子《たかはまきょし》

D 水の地球すこしはなれて春の月　正木《まさき》ゆう子《こ》

(1) A～Dの句の季語と季節を、それぞれ書きなさい。

A 季語（　　）　季節（　　）

B 季語（　　）　季節（　　）

C 季語（　　）　季節（　　）

D 季語（　　）　季節（　　）

(2) 次の解説に合う句を選び、A～Dの記号で答えなさい。

① ただ一人で山を下りてくるとかえるの声もなつかしい。

② 思わぬところで知った自然の生命力に対する驚嘆《きょうたん》。

①（　　）　②（　　）

ステップ2

勉強した日　月　日

時間	合格点	得点
25分	70点	点

1 次の文章を読んで、あとの問いに答えなさい。

短歌や俳句《はいく》では、オリジナルな見方かどうかということが大切になります。（中略《ちゅうりゃく》）例えば、

ふわふわとほたるひとすじ飛んでいく

のような場合、内容《ないよう》にうそ偽《いつわ》りはないかもしれませんが、いかにもという感じであまりおもしろさがありません。「ふわふわと」を「しんみりと」などに変えると多少感情《かんじょう》が読《よ》み込《こ》まれますが、それでも、蛍《ほたる》が飛んでいくという様子を当たり前のこととしてしか描《えが》けていません。

そこで、想像《そうぞう》によって表現《ひょうげん》を豊《ゆた》かにすること、着眼《ちゃくがん》によって改めて感じ方を深めること、ストレートな表現によって思いを読む人に届《とど》けること、などを見ていきましょう。（中略）

同じ蛍でも、次の句の場合はどうでしょう。

A　さびしさや一尺《しゃく》消えてゆくほたる　　立花北枝《たちばなほくし》

一尺は約三〇センチほどの長さです。蛍は飛ぶとき、光ったり消えたりします。いつも光っているわけではなく、飛びながらもふっと淡《あわ》い光が消える、その瞬間《しゅんかん》の「さびしさ」が詠《よ》まれています。こちらは「蛍」を描写《びょうしゃ》しているのですが、「一尺消えて」というところへの着眼が句としての味わいを深くしています。

また言葉の選び方も大切です。例えば、「ゆく」の代わりに「飛ぶ」だとどうでしょうか。どちらも二音ですが、「飛ぶ」だとただ飛ぶ様子を表すのに対して、「ゆく」になることで視点《してん》が出てきます。「消えてゆく」というまとまりでの読みもできます。向こうへ消えていくという動きが「さびしさや」という初句に対応《たいおう》しています。

蛍をどう見るのか、というところに作者ならではの着眼がありますが、これは発見や経験《けいけん》にもつながります。次のような短歌もそうでしょう。

B　昼ながら幽《かす》かに光る蛍一つ孟宗《もうそう》の藪《やぶ》を出でて消えたり
　　北原白秋《きたはらはくしゅう》（『雀《すずめ》の卵《たまご》』）

ここでは、昼の蛍ということで、「孟宗竹の藪」の暗さが想像でき、その意外感が「藪を出て消える」ところにあります。「幽かに光る」という「蛍一つ」の淋《さび》しさも漂《ただよ》っています。

（森山卓郎《もりやまたくろう》「日本語の〈書き〉方」）

(1) Aの俳句について答えなさい。

① 「さびしさや」とありますが、どのようなさびしさですか。本文中の言葉を使って書きなさい。(10点)

（　　　　　　　　　　　　）

② 句としての味わいを深くしているものは何ですか。(10点)

（　　　　　　　　　　　　）

（　　）

(2) Bの短歌について答えなさい。

① どのような蛍を描いていますか。本文中の三字の言葉をぬき出しなさい。(10点)

[　][　][　]

② この歌の「淋しさ」は、歌のどの部分から漂っていますか。(10点)

（　　）

2 **次の短歌を読んで、あとの問いに答えなさい。**

夕焼け空焦《こ》げきは《（わ）》まれる下にして氷《こお》らんとする湖《うみ》の静けさ　島木赤彦《しまきあかひこ》

(1) この歌をうたったのは、どの季節ですか。(5点)（　　）

(2) この歌に用いられている表現《ひょうげん》技法《ぎほう》を次から選び、記号で答えなさい。(10点)

ア 反復《はんぷく》法（同じ言葉を何度もくり返す）
イ 比喩《ひゆ》法（あるものにたとえて印象を強める）
ウ 対句《ついく》法（対になる言葉を使って、対照的に表す）
エ 体言止め（文末を体言で止めて余韻《よいん》を残す）

（　　）

(3) 鑑賞《かんしょう》文として最も適切《てきせつ》なものを次から選び、記号で答えなさい。(15点)

ア 強烈《きょうれつ》な夕焼けを湖面にうつして、湖も燃《も》えるように真《ま》っ赤《か》にかがやいている。赤一色の雄大《ゆうだい》な自然をえがいている。
イ 燃えるような夕焼けのかがやきがピークに達しようとするとき、空の下の湖はこおりつくような寒さの中であくまで静かである。雄大な自然の対比《たいひ》があざやかである。
ウ 空は真っ赤な夕焼けだが、その赤さを消してしまうほどに、空の下の湖の青はあざやかである。
エ 真冬近い寒さの中、燃えるような夕焼け空の強烈さが、その寒さをいくぶんやわらげてくれている。夕焼けの温かさが印象的である。

（　　）

3 **次の俳句を読んで、あとの問いに答えなさい。**

朝顔に釣瓶《つるべ》とられて貰《もら》ひ《（い）》水《みず》　加賀千代女《かがのちよじょ》

(1) この歌の季語と、その季節を答えなさい。(10点)

①季語…（　　）　②季節…（　　）

(2) この歌を解説《かいせつ》した次の文の[①]・[②]にあてはまる言葉をあとから選び、それぞれ記号で答えなさい。(20点)

・夜の間に朝顔のつるが伸《の》びて井戸《いど》のつるべにからんでいる。そこで、つるを取らずに[①]をした。小さなものへの[②]視線《しせん》。

ア 洗たく　イ もらい水
ウ きびしい　エ やさしい

①（　　）　②（　　）

20 古典を読む

学習のねらい 昔の言葉に注意し、古典を通して昔の人の感じ方や考え方などにふれるとともに、書かれた内容《ないよう》を読み取れるようにする。

勉強した日　月　日

ステップ1

1 次の文章を読んで、あとの問いに答えなさい。

梁《りょう》の恵王《けいおう》が孟子《もうし》にたずねた。

「私《わたし》はいつも民に心配りをしている。凶作《きょうさく》で困《こま》っている民を豊作《ほうさく》の地に移住《いじゅう》させたりもした。近隣《きんりん》の国と比《くら》べても、私のように民のためにつくしている王はない。それなのに、近隣の国の人口が減《へ》らず、この国の人口が増《ふ》えないのはなぜだろうか」

孟子は答えた。

「王様は戦争がお好きなので、戦争にたとえてお話ししましょう。戦いがいよいよはげしくなり、兵たちは刃《やいば》を交えて戦うことになりました。そんなときに、よろいを脱《ぬ》ぎ捨《す》ててにげ出した兵士がいます。ある者は百歩にげて立ち止まりましたが、ある者は五十歩にげて立ち止まりました。このとき、五十歩にげた者が百歩にげた者をおく病だと笑ったとしたら、王様はどうお思いになりますか」

恵王は答えました。

「それはおかしい。ただ百歩までにげなかっただけで、にげたことに変わりはないのだからな」

すると孟子が言った。

「その道理がおわかりなら、人々が集まってくることなど期待しないことです。人々が苦しむのを凶作のせいにするのでは、隣国の政治《せいじ》と大差はないのです」

(1) 右の故事《こじ》(昔から伝わるいわれのある事がら)から、「わずかなちがいはあっても、本質《ほんしつ》的には同じであること」という意味の成語(昔の人が作った語句《ごく》)ができました。その故事成語を次から選び、記号で答えなさい。

ア 五十歩百歩　イ 蛇足《だそく》
ウ 背水《はいすい》の陣《じん》　エ 漁夫の利

（　　）

(2) (1)の言葉と似《に》た意味の言葉を次から二つ選び、記号で答えなさい。

ア 月とすっぽん　イ 大同小異《だいどうしょうい》
ウ どんぐりの背比《せいくら》べ　エ 千差万別《せんさばんべつ》

（　　）（　　）

2 次の各文の――線部のことわざ・慣用句《かんようく》が正しく使われていれば○を、まちがっていれば×をつけなさい。

① さがしていた本が近所の図書館にあったなんて、まさに灯台もと暗しだよ。（　　）

② また彼女《かのじょ》の大切なカップを割《わ》ってしまった。でも仏《ほとけ》の顔も三度、今度もきっと許《ゆる》してもらえるさ。（　　）

③ まだテストはこれからなのに、成績《せいせき》が良かったときのことばかり考えるなんてとらぬ狸《たぬき》の皮算用だな。（　　）

④ この店が移転《いてん》してしまうなんて、まったく寝耳《ねみみ》に水の話だよ。（　　）

⑤ 大差で勝っているが、ホームランを打てばさらに焼け石に水、私達の勝利はより確実《かくじつ》になる。（　　）

❸ 次の古文と現代語訳《げんだいごやく》を読んで、あとの問いに答えなさい。

いまはむかし、たけとりの翁《おきな》といふ《う》ものありけり。野山にまじりて竹をとりつつ、よろづ《ず》のことにつかひ《い》けり。名をば、さぬきのみやつことなむ《ん》いひ《い》ける。その竹の中に、もと光る竹なむ《ん》一すぢ《じ》ありける。①あやしがりて、寄《よ》りて見るに、筒《つつ》の中光りたり。それを見れば、三寸《ずん》ばかりなる人、いと②うつくしう《しゅう》てゐ《い》たり。

翁いふ《う》やう《よ》、「我《われ》朝ごと夕ごとに見る竹の中におはす《わ》るにて知りぬ。子になりたまふ《う》べき人なめり」とて、手にうち入れて家へ持ちて来ぬ。妻《め》の嫗《おうな》にあづ《ず》けてやしなは《わ》す。うつくしきこと、かぎりなし。いとを《お》さなければ、籠《こ》に入れてやしなふ《う》。

〈現代語訳〉今となっては昔のことだが、竹取《たけとり》の翁という人がいた。野山に入っていっては竹を取り、さまざまなことに使っていた。名は、さぬきのみやつこといった。その（行った先の）竹の中に、根もとが光っている竹が一本あった。不思議に思って近寄って見ると、竹の筒の中が光っている。それをのぞいて見ると、三寸（＝九センチ）くらいの人が、たいそうかわいらしい様子ですわっている。

翁が言うことには、「私が毎日朝に夕に見ている竹の中にいらっしゃるので、（あなたを）知りました。私の子となるべき人のようですよ。」と言って、手の中に入れて家へ連れてきた。妻《つま》の老婆《ろうば》に世話をまかせて育てさせる。かわいらしいことはかぎりない。とても幼《おさな》いので、籠《かご》に入れて育てる。

(1) この作品の名前を次から選び、記号で答えなさい。

ア 伊勢《いせ》物語　イ 竹取《たけとり》物語
ウ 平家《へいけ》物語　エ 源氏《げんじ》物語

（　　）

(2) ――線①「あやしがりて」とありますが、どのような意味ですか。現代語訳からぬき出して答えなさい。

（　　）

(3) ――線②「うつくしう（うつくし）」は、現代語の「美しい」とは意味がちがいます。どのような意味ですか。最も適切《てきせつ》なものを次から選び、記号で答えなさい。

ア かしこい。　イ かわいらしい。
ウ りっぱである。　エ おそろしい。

（　　）

ステップ 2

勉強した日　月　日

時間 25分　合格点 70点　得点　点

1 次のことわざの中からたがいに意味の似《に》たものを二つ選び、記号で答えなさい。(10点)

ア 飼《か》い犬に手をかまれる
イ 口はわざわいのもと
ウ 能《のう》あるたかはつめをかくす
エ 鬼《おに》に金棒《かなぼう》
オ きじも鳴かずばうたれまい

（　）（　）

(桜美林中)

2 次の各文の□にあてはまる言葉をあとから選び、それぞれ記号で答えなさい。(25点)

① ずいぶん失礼な人もいたものだ。□としよう。
② □と言います。中学校でも良い友人を見つけましょう。
③ 道に迷《まよ》ってしまったとき、わざわざ目的地まで送ってくれた人がいました。まさに□ですね。
④ やる気のない生徒にいくら教えても□だ。
⑤ あの二人のけんかに口を出すのは□ようなものだ。

ア 渡《わた》る世間に鬼はない　イ のれんに腕押《うでお》し
ウ 朱《しゅ》に交われば赤くなる　エ 火に油を注ぐ
オ 他山の石

①（　）②（　）③（　）④（　）⑤（　）

(浦和実業学園中)

3 次の古文と現代語訳《げんだいごやく》を読んで、あとの問いに答えなさい。

①祇園精舎《ぎおんしょうじゃ》の鐘《かね》の声、諸行無常《しょぎょうむじょう》のひびきあり。沙羅双樹《しゃらそうじゅ》の花の色、②盛者必衰《じょうしゃひっすい》のことわりをあらは《(わ)》す。③おごれる人も久《ひさ》しからず、ただ春の夜の夢《ゆめ》のごとし。たけき者もつひ《(い)》にはほろびぬ、ひとへ《(え)》に風の前のちりに同じ。

〈現代語訳〉(昔インドにあった)祇園精舎の鐘の音は、この世の万物《ばんぶつ》は変化してやむことがないという道理を表す悲しいひびきをもっている。(釈迦《しゃか》が亡《な》くなったとき、たちまち白く変化したという)沙羅双樹の花の色は、いったん栄えた者も必ずおとろえるときが来るという道理を表している。権勢《けんせい》をほこっている人も(その状態《じょうたい》が)永遠《えいえん》に続くわけではなく、ちょうど(はかない)春の夜に見る夢と同じようなものだ。勢力のさかんな強い者も最後には滅《ほろ》びてしまう、(それは)まったく風の前の塵《ちり》と同じことである。

(1) この作品の名前を次から選び、記号で答えなさい。(5点)

ア 竹取《たけとり》物語　イ 平家《へいけ》物語
ウ 今昔《こんじゃく》物語　エ 源氏《げんじ》物語

（　）

(2) ——線①・③の文と対句《ついく》になっている一文をさがし、それぞれ初めの五字をぬき出しなさい。(10点)

① □□□□□ ③ □□□□□

(3) ——線②「盛者必衰」とほぼ同じ意味を表す語句を、古文の中から二つぬき出しなさい。(5点×2—10点)

(　　　) (　　　)

(4) この作品の特色の説明として最も適切《てきせつ》なものを次から選び、記号で答えなさい。(10点)

ア 漢語が多く使われていて聞きづらい。
イ ふつうの古文より和語が多く、易《やさ》しい感じがする。
ウ ふつうの古文より和語が多く、むずかしい。
エ 漢語が多く使われていてリズム感がある。

(　　　)

4 次の漢文と現代語訳を読んで、あとの問いに答えなさい。

A 子曰《い》は《(わ)》く、「学びて思は《(わ)》ざれば則《すなわ》ち罔《くら》し。思ひ《(い)》て学ばざれば則ち①殆《あや》し。」と。

〈現代語訳〉先生が言われたことには、「書物を読んで学んでも、自分で考えることをしなければ、何もはっきりしない。それとは反対に、いくら考えても、読書をして学ばなければ、独断《どくだん》におちいる危険《きけん》がある。」と。

B 子曰は《(わ)》く、「②故《ふる》きを温めて③新しきを知れば、もつ《(もっ)》て師《し》たるべし。」と。

〈現代語訳〉先生が言われたことには、「昔の物事によく通じていて、そのうえ新しい知識《ちしき》や現実をも知っていれば、人の師(先生)となれるだろう。」と。

(1) A・Bの文は、昔の中国の書物である「論語《ろんご》」に書かれているものです。「子」とはだれですか。次から選び、記号で答えなさい。(5点)

ア 孟子《もうし》　イ 孔子《こうし》
ウ 老子　エ 韓非子《かんぴし》

(　　　)

(2) ——線①「殆し」とありますが、どのような意味ですか。現代語訳からぬき出しなさい。(10点)

(　　　)

(3) ——線②「故き」、③「新しき」とは、どのような意味ですか。それぞれ現代語訳からぬき出しなさい。(5点×2—10点)

② (　　　)
③ (　　　)

(4) Bの故事《こじ》からできた四字熟語《じゅくご》を次から選び、記号で答えなさい。(5点)

ア 一朝一夕《いっちょういっせき》　イ 温故知新
ウ 公明正大　エ 有名無実

(　　　)

ステップ３

勉強した日　月　日

時間 45分　合格点 70点　得点　点

1 次の詩を読んで、あとの問いに答えなさい。

ふろふきの食べかた　　長田《おさだ》 弘《ひろし》

自分の手で、自分の
一日をつかむ。
新鮮《しんせん》な一日をつかむんだ。
①スがはいっていない一日だ。
手にもってゆったりと重い
いい大根のような一日がいい。

それから、確《たし》かな包丁で
一日をざっくりと厚《あつ》く切るんだ。
②日の皮はくるりと剝《む》いて、
面とりをして、そして一日の
見えない部分に隠《かく》し刃《ば》をする。
火通りをよくしてやるんだ。

そうして、深い鍋《なべ》に放りこむ。
底に夢《ゆめ》を敷《し》いておいて、
冷たい水をかぶるくらい差して、
弱火でコトコト煮込《にこ》んでゆく。

自分の一日をやわらかに
静かに熱く煮込んでゆくんだ。

こころさむい時代だからなあ。
自分の手で、自分の
一日をふろふきにして
熱く香《こう》ばしくして食べたいんだ。
熱い器《うつわ》でゆず味噌《みそ》で
ふうふういって。

(1) この詩で用いられていない表現技法《ひょうげんぎほう》を次から一つ選び、記号で答えなさい。(5点)

ア 擬態《ぎたい》語　イ 倒置《とうち》法
ウ 直喩《ちょくゆ》　エ 体言止め
（　　）

(2) ――線①「ス」の意味に合うものを次から選び、記号で答えなさい。(5点)

ア すっぱい液体《えきたい》調味料。
イ 竹などを編《あ》んだすだれ。
ウ 鳥やけものなどがすむ所。
エ 時期が過《す》ぎて身にできるすきま。
（　　）

(3) 「ふろふき」にたとえられているものは何ですか。最も適《てき》

切《せつ》なものを次から選び、記号で答えなさい。（5点）

ア 包丁　イ 火
ウ 一日　エ 夢

（　　）

(4) ――線②「日の皮はくるりと剝いて」とありますが、これはどうすることですか。次の文中の□にあてはまる言葉を考えて、ひらがな四字で書きなさい。（5点）

・古い一日のことはすっかり□ということ。

□□□□

(5) この詩の解説《かいせつ》として最も適切なものを次から選び、記号で答えなさい。（5点）

ア こんな一日であってほしいという作者の願いを、ふろふき大根の作り方になぞらえて、ユーモアを交えてえがいている。
イ 生きづらい人生をふろふき大根のように調理して食べてしまえたらどんなに楽だろう、という作者の切なる思いがえがかれている。
ウ 作るのに手間のかかるふろふき大根の作り方を示《しめ》すことによって、たいくつな一日をまぎらわすことがどんなに大変かを表している。
エ 心が寒くなるような時代だから、せめてふろふき大根でも食べて心だけでも温まろうという、作者のせめてもの願いがえがかれている。

（　　）

---

2 次の俳句《はいく》を読んで、あとの問いに答えなさい。

A さみだれをあつめて早し最上川《もがみがわ》　松尾芭蕉《まつおばしょう》
B 雪とけて村いつ《（いっ）》ぱいの子どもかな　小林一茶《こばやしいっさ》
C 谺《こだま》して山ほととぎすほしいまゝ　杉田久女《すぎたひさじょ》
D たましひ《（い）》のたとへ《（え）》ば秋のほたる哉《かな》　飯田蛇笏《いいだだこつ》
E 倒《たお》れたる案山子《かかし》の顔の上に天　西東三鬼《さいとうさんき》

(1) A～Eの句の季語と季節を、それぞれ書きなさい。（10点）

A 季語（　　）季節（　　）
B 季語（　　）季節（　　）
C 季語（　　）季節（　　）
D 季語（　　）季節（　　）
E 季語（　　）季節（　　）

(2) 次の解説に合う句をA～Eから選び、それぞれ記号で答えなさい。（15点）

① 長い冬が終わって雪がとけると、子どもたちは表に飛び出し、村中が子どもでいっぱいになる。
② 山ほととぎすがわが世の春とでもいったように、思うさま大きな声で鳴いている。
③ 大河《たいが》は降《ふ》り続く長雨の水を集めて増水《ぞうすい》し、ものすごい勢《いきお》いで流れている。

①（　　）②（　　）③（　　）

3 次の短歌を読んで、あとの問いに答えなさい。

清水《きよみず》へ祇園《ぎおん》をよぎる桜《さくら》月夜こよひ《（い）》逢《あ》ふ《（う）》人みなうつくしき
与謝野晶子《よさのあきこ》

(1) この歌がよまれたのは、どの季節ですか。（5点）　（　　）

(2) この歌によまれている場所はどこですか。「清水」「祇園」をヒントにして次から選び、記号で答えなさい。（5点）

ア 奈良《なら》　イ 京都《きょうと》　ウ 鎌倉《かまくら》　エ 東京《とうきょう》　（　　）

(3) この歌の鑑賞《かんしょう》文として最も適切《てきせつ》なものを次から選び、記号で答えなさい。（5点）

ア 満開の桜が月明かりにうかび上がる祇園の町を、清水の方へ歩いていく。うちひしがれた作者の目には、すれちがうだれもが自分より美しく見える。

イ 満開の桜が月明かりにうかび上がる祇園の町を、清水へ向かって歩いていく。清水には恋《こい》しい人でも待つのだろうか、うきうきとした作者にはすれちがうだれもが美しく見える。

ウ この月夜に桜を見ればさぞかし美しいだろう。桜の名所として名高い清水に向かう作者のうき立つ心には、すれちがう人たちまでいつになく美しく見える。

エ 祇園を横切って清水に向かう。月の光を受けて桜もすれちがう人々も美しく見えるが、気がかりなことがある作者にはそれを楽しむことはできない。　（　　）

---

4 次の古文と現代語訳《げんだいごやく》を読んで、あとの問いに答えなさい。

①はしたなきもの　こと人をよぶに、われぞとさし出《いで》たる。②物などとらするおり《（を）》はいとゞ。をのづ《（お）（ず）》から人の上などうちいひ《（い）》、そしりたるに、おさなき《（を）》子共《（ど）》の聞きとりて、その人のあるにいひ《（い）》出たる。

哀《あわれ》なる事など、人のいひ《（い）》出、うちなきなどするに、げにいと哀なり、など聞きながら、涙《なみだ》のつと出こぬ、いとはしたなし。なき顔つくり、気色《けしき》ことになせど、いとかひ《（い）》なし。③めでたき事をみきくには、まづ《（ず）》たゞいできにぞいでくる。

〈現代語訳〉きまりが悪いもの。他人を呼《よ》んでいるのに、自分かと思って出て行ったとき。物を与《あた》えるときは特にそうだ。たまたま他人のうわさ話などをして悪口を言ったのに、幼《おさな》い子が耳にとめていて、その人がいるときに言い出したの。

かわいそうなことなどを人が話して、泣き顔などするときに、本当にとてもかわいそうだなどと（思って）聞くものの、涙がすぐに出てこないのは、たいへんきまりが悪い。泣き顔を作り、普通《ふつう》とはちがう表情《ひょうじょう》にするけれど、まったく効果《こうか》がない。すばらしいことを見聞きするときは、真っ先にただやたらと（涙が）出てくるものだ。

(1) この作品は清少納言《せいしょうなごん》が書いた随筆《ずいひつ》です。作品名を次から選び、記号で答えなさい。（5点）

ア 源氏《げんじ》物語　イ 徒然草《つれづれぐさ》

ウ 枕草子《まくらのそうし》　エ 和泉式部日記《いずみしきぶにっき》

(2) ――線①「はしたなき(はしたなし)」とありますが、どういう意味ですか。現代語訳からぬき出して書きなさい。(5点)

(　　　)

(3) ――線②「物などとらするおりはいとゞ(物を与えるときは特にそうだ)。」とありますが、それはなぜですか。最も適切なものを次から選び、記号で答えなさい。(5点)

ア 普通はまちがえるような場面ではないから。
イ わざとまちがえたのだと思われるから。
ウ かえってこちらが物をあげなければならないから。
エ 物を欲《ほ》しがっているように思われるから。

(　　　)

(4) ――線③「めでたき事をみきく(すばらしいことを見聞きする)」ときに出る涙は、どのような涙ですか。最も適切なものを次から選び、記号で答えなさい。(5点)

ア くやし涙　イ 感動の涙
ウ うれし涙　エ 後悔《こうかい》の涙

(　　　)

(5) 「はしたなきもの」の例がいくつ挙げられていますか。漢数字で答えなさい。(5点)

□つ

---

5 次の漢詩と現代語訳を読んで、あとの問いに答えなさい。

黄鶴楼《こうかくろう》にて孟浩然《もうこうねん》の広陵《こうりょう》に之《ゆ》くを送る　李白《りはく》

故人《こじん》西のかた黄鶴楼を辞《じ》し
煙火《えんか》三月揚州《ようしゅう》に下る
孤帆《こはん》の遠影碧空《えんえいへきくう》に尽《つ》き
唯《た》だ見る長江《ちょうこう》の天際《てんさい》に流るるを

〈現代語訳〉
わが親友、孟浩然君は、この西の黄鶴楼に別れを告げて、春、花がすみの三月に、揚州へ舟《ふね》で下ってゆく。楼上からながめると、たった一つの帆《ほ》かけ舟のかすかな姿《すがた》が、青い空に吸《す》いこまれて消え、あとにはただ長江の流れが天の果てへと流れてゆくばかりである。

(1) ――線「故人」の、ここでの意味として最も適切なものを次から選び、記号で答えなさい。(5点)

ア 昔の人　イ 老人
ウ 死んだ人　エ 古くからの友人

(　　　)

(2) この詩は、どのような詩だといえますか。最も適切なものを次から選び、記号で答えなさい。(5点)

ア 友との別れをおしむ詩。　イ 友の出世をいわう詩。
ウ 自然をたたえる詩。　エ 故郷《こきょう》を思う詩。

(　　　)

総復習テスト❶

時間 45分　合格点 70点　得点　　点

勉強した日　月　日

1 次の文章を読んで、あとの問いに答えなさい。

感動というものが脳《のう》や人生を変える。これは疑《うたが》いのない事実ですが、では①感動とは脳のシステムから見てどういったものなのでしょうか。

人間の脳は、自分が経験《けいけん》していることを情動系《じょうどうけい》のシステムに照らし合わせます。情動系のシステムとは、まさに私《わたし》たちの感情を司《つかさど》る部分です。そこで今までの自らの体験や、これまで築《きず》いてきた価値《かち》観と照らし合わせるという作業をします。そこで脳が自分自身を変える大きなきっかけになる情報《じょうほう》が来たと察知した時に、感動というのが起こるわけです。

感動のあまり涙《なみだ》を流すという現象《げんしょう》があります。これは、今体験していることが、脳や人生を変えるきっかけになるものだと脳がサインを送っているようなものです。今自分が出会っている経験が、これから自分が生きる上で大きな意味を持っている。その意味が大きければ大きいほど、感動もまた大きくなります。

従《したが》って感動というのは、脳が記憶《きおく》や感情のシステムを活性《かっせい》化させて、今まさに経験していることの意味を逃《のが》さずにつかんでおこうとする働きなのです。脳が全力を尽《つ》くして、今経験していることを記録しておこうとしている。生きる指針《ししん》を痕跡《こんせき》として残そうとしている。そのプロセスに感動があると言えるのです。

涙を流すほどの感動は、時が経《た》っても頭の中に残っているものです。たとえば映画《えいが》の一場面に感動して涙を流す。後々にその映画の題名やストーリーは忘《わす》れたとしても、涙を流した場面は覚えている。それは脳が必死になって、その一場面を記憶と感情のシステムに残しているからです。その場面が、きっと人生や生き方を変えるヒントになるというサインを出しているわけです。

もちろん同じ映画を観《み》て、すべての人が感動をするわけではありません。涙を流すほどの感動を覚える人もいれば、つまらなくて眠《ねむ》ってしまう人もいる。また感動する場面も人によってさまざまかもしれません。［②］一つ言えることは、映画の中にたくさんの感動を覚えられる人ほど、脳の情動系システムが活発に働いているということ。そしてそういう人ほど、人生を変えるヒントを記憶の中にたくさん蓄積《ちくせき》することができているということです。

そもそも子供《こども》の頃《ころ》はみんな、何にでも感動するものです。すべての経験が初めてなわけですから、脳はできる限《かぎ》りそれらを記憶に留《と》めようとする。その作用が次々と感動を生み出します。

私の息子《むすこ》が二歳《さい》になった夏、初めて花火を見せました。すると息子は大声で泣き出してしまった。それは私にとって印象的な光景でした。もちろん花火の大きな音に驚《おどろ》いたということもあるでしょう。でも息子が涙を流したのは驚いたからだけではない。やはりそこには、彼《かれ》なりの感動があったのだと思います。

私たち大人は、今さら花火を見て涙を流すことはないでしょう。それは何度となく花火を見た経験があり、慣《な》れてしまっているからです。それは悲しむべきことなのかもしれません。かといって、初めて花火を見た時に戻《もど》ることはできない。ならばせめて、初めて花火を見て涙を流している息子から、感動のおすそ分けをもらう。それだけでも脳は活性《かっせい》化されるでしょう。

「感動することをやめた人は、生きていないのと同じことである」とアインシュタイン*は言いました。やはり年齢《ねんれい》とともに感動がなくなっていくという悲しい事実を踏《ふ》まえた上で、彼はそう表現したのでしょう。大人は子供のようには感動することができない。それは初めての経験というものが圧倒《あっとう》的に少なくなってくるからです。

だからこそ、③自分にとって初めての体験に積極的にチャレンジする必要があるのです。そしてまた、それが二度目、三度目の体験であったとしても、その二度目の中の初めてを探《さが》す努力をしなくてはいけない。

毎年のように同じ花火大会に出かけたとしても、きっと初めて見る花火の姿《すがた》がある。そう思いながら見るだけでも、同じ花火もまた美しく思えるものです。（茂木健一郎《もぎけんいちろう》「感動する脳」）

＊アインシュタイン＝理論《りろん》物理学者。相対性理論の提唱《ていしょう》者。

(1) ——線①「感動とは……でしょうか」とありますが、感動は人間の脳がどうした時に起きるのですか。「時。」に続くように本文中から三十字程度《ていど》でぬき出し、初めと終わりの五字を書きなさい。（15点）

□□□□□ ～ □□□□□ 時。

(2) 「感動」の働きを端的《たんてき》に説明している段落《だんらく》を見つけて、初めの五字をぬき出しなさい。（10点）

□□□□□

(3) ② にあてはまる言葉を次から選び、記号で答えなさい。（10点）

ア すると　イ しかし　ウ つまり　エ また　（　）

(4) ——線③「自分にとって……必要があるのです」とありますが、それはなぜですか。最も適切《てきせつ》なものを次から選び、記号で答えなさい。（15点）

ア 年齢とともに感動する経験は減《へ》っていくが、初めての経験であれば感動がなくても脳を活性化してくれるから。

イ　あまり感動しない人は生きる力が少ないと思われるので、初めての体験によって感動をよそおう必要があるから。

ウ　感動は脳《のう》を活性化《かっせい》させるものだが、年齢《ねんれい》とともに初めての経験《けいけん》は少なくなり、感動することも減《へ》っていくから。

エ　初めての体験をくり返すことで情動系《じょうどうけい》システムが強化され、感動の代わりにできるから。

（　　）

2 次の文章を読んで、あとの問いに答えなさい。

春が近づいてから降《ふ》る雪は湿《しめ》って重い。

夜、布団《ふとん》のなかにいても、山の木が折れる音が聞《きこ》えてくる。パキン、パキンと、呆気《あっけ》ないほど鋭《するど》く澄《す》んだ音をこだまさせるんだ。

それを耳にすると、たまらない気持ちになる。いますぐ山へ飛んでいって、若木《わかぎ》を雪起こししてやんなきゃ。そんな、居《い》ても立ってもいられない気持ちになる。

同時に、哀《かな》しくもなってくる。だって山には、数えきれないほどの木が植林されている。俺《おれ》のもたついた作業ぶりじゃ、雪の重みにひしゃげた若木をすべて起こすことなんて、何年かかったってできそうにない。

俺がしきりに寝返《ねがえ》りを打っていると、トイレへ行くために部屋を横切るヨキは、

「なあなあ」

と必ず言う。「おまえがそわそわしたって、はじまらんわな。はよ寝え」

本当にそのとおりだ。

雪の重みで折れてしまう木が出てくることも、林業をやっていたら受け入れなければならない。すべての木が計画どおりに育つわけがない。雪で折れる木も生き物。それを防《ふせ》ぐために精一杯《せいいっぱい》。的確《てきか く》に手早く雪起こししていく人間も生き物。鳴いたり動いたりしない木もたしかに生きていて、それと長い年月かけて向きあうのがこの仕事なんだってことに、俺は①神去《かむさり》に来て一年経《た》って、ようやく気づきつつある。

でも最初は、やっぱりそれどころじゃなかった。

山から響《ひび》く木の折れる音を聞いて、哀しくはなった。だけどそれは、「木が折れてる。どうしよう」って哀しみじゃなくて、「いやだなあ、また雪起こしだ」という、げっそりするような哀しみだった。

とにかく初日の一本目の木で、雪起こしに失敗したのが効《き》いた。斜面《しゃめん》を派手《はで》に転げ落ち、ヨキに盛大《せいだい》に笑われた俺は、すっかり※萎縮《いしゅく》してしまった。転がったさきで岩に頭でも打ちつけたら、死ぬかもしれない。足場の悪い斜面《しゃめん》での作業がこわくてたまらず、へっぴり腰《ごし》でしか縄《なわ》を引けなかった。

俺にできる仕事なんかないんだ。そう思うと悔《くや》しかった。

無理やりこんなとこにつれてこられて、なんで恥《はじ》をかかなきゃいけないんだ。やってられねえ、と腹《はら》が立った。でも実際《じっさい》のところ、なにもできないことが情《なさ》けなかったんだ。悔しさも腹立たしさも、情けない自分から［②］ために生まれてきた感情だ。

山仕事で集中力が途切《とぎ》れたら、命にかかわる。だから、だいたい二時間ごとにちょっと休憩《きゅうけい》を取り、昼ものんびり食べる。

俺たちは斜面に座《すわ》って、弁当《べんとう》を広げた。雪解《ゆきど》けとともに杉の苗《なえ》を植える予定の、拓《ひら》けた場所だ。雪雲はまだ空を灰色《はいいろ》に覆《おお》いつくしている。

「なあに、この季節はずれの雪も、もう終わりや」

と、巌《げん》さんは言った。「*地《じ》ごしらえやら植えつけやらで、忙《いそが》しくなるで」

「そやな」

と、三郎《さぶろう》じいさんもうなずく。「雪起こしだけが山仕事やない。だから勇気《ゆうき》、そんなにびくつくことはないわな」

俺は黙《だま》ってうつむいていた。俺の技術《ぎじゅつ》がちっとも向上しないせいで、班《はん》の作業効率《こうりつ》は悪いままだ。だれも責《せ》めないのが、かえってつらい。なんとか、この村から逃《に》げだせないもんかなあと、そればかり思った。でも、村から出ていく足がない。ヨキはぬかりなく、家では軽トラックのキーを隠《かく》していた。だいたい、俺は車の免許《めんきょ》を持っていない。徒歩で神去から脱《だっ》出《しゅつ》するのは難《むずか》しい。ヒッチハイクで駅までつれていってもらいたくても、村人には*面《めん》が割《わ》れている。

③まさに八方ふさがりの状態《じょうたい》だった。巨大《きょだい》なおにぎりにかじりつくあいだにも、パキン、とどこかで木の折れる音がする。

ため息が出た。

（三浦《みうら》しをん「神去なあなあ日常」）

＊萎縮して＝ちぢこまって元気がなくなり。
＊地ごしらえ＝苗などを植える前の土地の準備《じゅんび》をすること。
＊面が割れている＝顔が知られている。

(1) ——線①「神去に来て一年経って」とありますが、一年前の「俺」は、「雪で折れる木」の音を聞いて、どんな気持ちになったのですか。三十五字以内で本文中からぬき出し、初めと終わりの三字を書きなさい。（20点）

□□□～□□□

(2) ［②］にあてはまる言葉として最も適切《てきせつ》なものを次から選び、記号で答えなさい。（10点）

ア 背《せ》を向ける　イ 目をそらす
ウ 土俵《どひょう》を下りる　エ 音《ね》を上げる

（　　）

(3) ——線③「まさに八方ふさがりの状態だった。」とありますが、「八方ふさがり（何もかもうまくいかず困《こま》る）」の気持ちを「俺」が心の中で語っている部分をさがし、初めと終わりの五字をぬき出しなさい。（20点）

□□□□□～□□□□□

（かえつ有明中—改）

総復習テスト❷

時間 35分
合格点 70点
得点 点

勉強した日 月 日

1 次のことわざの意味をあとから選び、それぞれ記号で答えなさい。(24点)

① 一寸《すん》の虫にも五分《ごぶ》の魂《たましい》
② 濡《ぬ》れ手《て》にあわ(粟)
③ たで食う虫も好き好き
④ ちょうちんにつりがね
⑤ きじも鳴かずばうたれまい
⑥ つるの一声

ア 余計《よけい》なことをしなければ危《あぶ》ない目にあうこともない。
イ 人の好みもいろいろあるということ。
ウ 弱いものにも意地があるからばかにしてはいけない。
エ 苦労せずに、うまく成功を手に入れること。
オ つりあわないこと。
カ 決まらなかったものがえらい人の意見で決まる。

①(　　) ②(　　) ③(　　)
④(　　) ⑤(　　) ⑥(　　)

(千葉日本大第一中—改)

2 次の文章を読んで、あとの問いに答えなさい。

〔小説家の「私《わたし》」は、甲州《こうしゅう》(山梨《やまなし》県)の御坂峠《みさかとうげ》にある小さい茶屋の二階を借りて仕事をしている。御坂峠から見た富《ふ》士山《じさん》は昔から有名だが、「私」は好きではなかった。〕

見ると、雪。はっと思った。富士に雪が降《ふ》ったのだ。山頂《さんちょう》が、まっしろに、光りかがやいていた。①御坂の富士も、ばかにできないぞと思った。

「いいね。」

とほめてやると、娘《むすめ》さんは得意そうに、

「すばらしいでしょう?」といい言葉使って、「御坂の富士は、これでも、だめ?」としゃがんで言った。私が、かねがね、こんな富士は俗《ぞく》でだめだ、と教えていたので、娘さんは、内心しょげていたのかも知れない。

「やはり、富士は、雪が降らなければ、だめなものだ。」もっともらしい顔をして、私は、そう教えなおした。

私は、どてら着て山を歩きまわって、月見草の種を両の手のひらに一ぱいとって来て、それを茶店の脊戸《せど》に播《ま》いてやって、

「いいかい、これは僕《ぼく》の月見草だからね、来年また来て見るのだからね、ここへお洗濯《せんたく》の水なんか捨《す》てちゃいけない

よ。」娘さんは、うなずいた。

ことさらに、月見草を選んだわけは、富士には月見草がよく似合《にあ》うと、思《おも》い込《こ》んだ事情《じじょう》があったからである。御坂峠のその茶店は、謂《い》わば山中の一軒家《いっけんや》であるから、郵便《ゆうびん》物は、配達されない。峠の頂上から、バスで三十分程《ほど》ゆられて峠の麓《ふもと》、河口湖畔《かわぐちこはん》の、河口村という文字通りの*寒村にたどり着くのであるが、その河口村の郵便局に、私宛《あて》の郵便物が留《と》め置《お》かれて、②私は三日に一度くらいの割《わり》で、その郵便物を受け取りに出かけなければならない。天気の良い日を選んで行く。ここのバスの女車掌《しゃしょう》は、遊覧《ゆうらん》客のために、格別《かくべつ》風景の説明をして呉《く》れない。それでもときどき、思い出したように、甚《はなは》だ散文的な口調で、あれが三《み》ッ峠《とうげ》、向《む》こうが河口湖、わかさぎという魚がいます、など、物憂《ものう》そうな、呟《つぶや》きに似た説明をして聞《きか》せることもある。

河口局から郵便物を受取《うけと》り、またバスにゆられて峠の茶屋に引返《ひきかえ》す途中《とちゅう》、私のすぐとなりに、濃《こ》い茶色の*被布《ひふ》を着た青白い端正《たんせい》の顔の、六十歳《さい》くらい、私の母とよく似た老婆《ろうば》がしゃんと坐《すわ》っていて、女車掌が、思い出したように、みなさん、きょうは富士がよく見えますね、と説明ともつかず、また自分ひとりの詠嘆《えいたん》ともつかぬ言葉を、突然《とつぜん》言い出して、リュックサックしょった若《わか》いサラリイマンや、大きい日本髪《にほんがみ》ゆって、口もとを大事にハンケチでおおいかくし、絹物《きぬもの》まとった芸者風の女など、からだをねじ曲げ、一せいに車窓《しゃそう》から首を出して、いまさらのごとく、その変哲《へんてつ》もない三角の山を眺《なが》めては、やあ、とか、まあ、とか間抜《まぬ》けた嘆声を発して、車内はひとしきり、ざわめいた。けれども、私のとなりの御隠居《ごいんきょ》は、胸《むね》に深い憂悶《ゆうもん》でもあるのか、他の遊覧客とちがって、富士には一瞥《いちべつ》も与《あた》えず、かえって富士と反対側の、山路に沿《そ》った断崖《だんがい》をじっと見つめて、③私にはその様が、からだがしびれるほど快《こころよ》く感ぜられ、私もまた、富士なんか、あんな俗な山、見《み》度《た》くもないという、*高尚《こうしょう》な*虚無《きょむ》の心を、その老婆に見せてやりたく思って、あなたのお苦しみ、わびしさ、みなよくわかる、と頼《たの》まれもせぬのに、共鳴の素振《そぶ》りを見せてあげたく、老婆に甘《あま》えかかるように、そっとすり寄《よ》って、老婆とおなじ姿勢《しせい》で、ぼんやり崖《がけ》の方を、眺めてやった。

老婆も何かしら、私に安心していたところがあったのだろう、ぼんやりひとこと、

「おや、月見草。」

そう言って、細い指でもって、路傍《ろぼう》の一箇所《かしょ》をゆびさした。さっと、バスは過《す》ぎてゆき、私の目には、いま、ちらとひとめ見た黄金《こがね》色の月見草の花ひとつ、花弁《かべん》もあざやかに消えず残った。

三七七八米《メートル》の富士《ふじ》の山と、立派《りっぱ》に相対峙《あいたいじ》し、みじんもゆるがず、なんと言うのか、金剛力草《こんごうりきそう》とでも言いたいくらい、けなげにすっくと立っていたあの月見草は、よかった。④富士には、月見草がよく似合《にあ》う。

（太宰《だざい》 治《おさむ》「富嶽百景《ふがくひゃっけい》」）

＊寒村＝さびれた村。　＊被布《ひふ》＝着物の上にはおる衣服。
＊高尚《こうしょう》な＝気高くてりっぱな様子。
＊虚無《きょむ》＝価値《かち》をみとめられるものがなく、むなしいこと。

(1) ＝＝線「変哲もない」の意味として最も適切《てきせつ》なものを次から選び、記号で答えなさい。(10点)
ア まったく異常《いじょう》のない。
イ 何も変わったところのない。
ウ めったにない。
エ 文句《もんく》のつけようのない。
（　　）

(2) ――線①「御坂の富士も……と思った。」とありますが、それまで「私」が「御坂の富士」をばかにしていたのはなぜですか。それがわかる漢字一字の言葉を、本文中からぬき出しなさい。(10点)
□

(3) それまで御坂の富士をばかにしていた「私」が、――線①のように思ったのはなぜですか。(10点)
（　　）

(4) ――線②「私は……出かけなければならない」とありますが、それはなぜですか。理由がわかる一文をさがし、初めの五字をぬき出しなさい。(10点)
□□□□□

(5) ――線③「私には……感ぜられ」とありますが、このときの「私」の気持ちを説明したものとして最も適切なものを次から選び、記号で答えなさい。(16点)
ア 車窓《しゃそう》から見える富士を俗《ぞく》なものとばかにしていたので、自分と同様に富士を見ようともしない老婆《ろうば》の姿《すがた》に共感を覚えた。
イ 車窓から見える富士を気に入っていないにもかかわらず、つい見なければいられない自分とはちがう老婆のきっぱりした態度《たいど》に感心した。
ウ 車窓から見える富士は俗だがやっぱりすばらしいと思ってしまう自分に対して、老婆のいさぎよい拒絶《きょぜつ》の姿勢《しせい》が立派《りっぱ》なものに思えた。
エ 車窓から見える富士に対する気持ちが定まっていなかったので、老婆の態度を見て目が覚めるような思いを味わっている。
（　　）

(6) ――線④「富士には……よく似合う。」とありますが、月見草のどのようなところが富士に「似合う」と思ったのですか。本文中の言葉を使って、四十字以内で書きなさい。(20点)

ひっぱると，はずして使えます。

小5

標準問題集

国語 読解力

解答

小学5年

解答

国語 読解力／標準問題集

1 言葉の意味

●2・3ページ（ステップ1）

❶ (1)決めたことが長く続かないこと。また、そういう人。

(2)どんぐり

(3)イ

考え方 (1)「私は三日坊主で、ジョギングを始めたが一週間でやめてしまった。」のように使います。(2)どんぐりは、形も大きさもほぼ同じで、比べても大してちがいがないところからできたことわざです。(3)ことわざには、たがいに似た意味のもの、反対の意味のものがあります。「月とすっぽん」は、二つのものに大きな差があることのたとえで、「ちょうちんに釣り鐘」も似た意味のことわざです。また、この二つは「どんぐりの背比べ」や「目くそ鼻くそを笑う」とは反対の意味のことわざになります。まとめて覚えておくとよいでしょう。

ここに注意 主なことわざ

ことわざとは、昔から言いならわされている短い言葉で、人々の間で現在《げんざい》まで伝え続けられてきたものです。

・あぶはちとらず…あれもこれもと欲張《よくば》ると、全てだめになるということ。
・急がば回れ…急ぐなら、遠回りでも安全な道を行くほうがかえって早いということ。
・井《い》の中の蛙大海《かわずたいかい》を知らず…自分のせまい知識《ちしき》や考えにとらわれて、もっと広い世界があることを知らないこと。
・えびでたいをつる…少ないもので多くの利益《りえき》を得ること。
・帯に短したすきに長し…中途半端《ちゅうとはんぱ》で何の役にも立たないこと。
・かっぱの川流れ…上手な人でもたまには失敗することもあるということ。
・聞くは一時のはじ聞かぬは末代のはじ…知らないことを人に聞くのは、そのときはずかしいだけだが、聞かずに知らないままでいれば、後の世まではずかしい思いをするということ。
・口はわざわいの門…うっかり言ったことが災難《さいなん》をまねくこともあるから、発言はしんちょうにしなければいけないということ。
・転ばぬ先のつえ…失敗しないように、あらかじめ用心することが大切であるということ。
・さわらぬ神にたたりなし…関わり合いさえしなければ、余計《よけい》な災難をまねくこともないということ。
・知らぬが仏《ほとけ》…知れば平気ではいられないが、知らなければ仏のようにおだやかでいられるということ。
・好きこそものの上手なれ…何事も好きだと熱心にやるから、上手になるものだということ。
・せいては事をし損《そん》じる…あわてて物事をすると失敗するということ。
・立つ鳥あとをにごさず…去ったあとが見苦しくないように、きちんと後始末するべきだということ。
・ちりも積もれば山となる…ちりのように小さなものでも、積もれば山のように大きくなるということ。
・とびがたかを生む…平凡《へいぼん》な親からすぐれた子が生まれることのたとえ。
・七転び八起き…何度失敗してもくじけず、そのたびに立ち直ってがんばる様子。
・二階から目薬…効果《こうか》がないこと。思うようにいかず、もどかしい様子。
・ねこに小判《こばん》…いくら値打《ねう》ちのあるものでも、持つ人が価値《かち》を知らなければ役に立たないこと。
・まかぬ種は生えぬ…何もしなければ成果は得られないということ。
・目の上のこぶ…じゃまで目ざわりな存在。
・論《ろん》より証拠《しょうこ》…議論するより、証拠を見せたほうが相手を説得できるということ。

❷ (1)ア

(2)②エ ③イ

考え方 (1)「母は毎日几帳面に家計簿《かけいぼ》をつ

けている。」などのように使います。(2)②「気を抜く」は、「きんちょうをゆるめる」③「聞く耳を持たない」は、「取り合わず無視《むし》する」という意味を表す慣用句です。

❸ 案

考え方　「一計を案じる」は、「目的を達成するために策《さく》を思いめぐらす」という意味の慣用句。「案の定」は、予想どおり、という意味で、「案の定、かれは来なかった。」のように使います。

❹ エ

考え方　「火が(の)点いたよう」は、赤ん坊や幼《おさな》い子がはげしく泣く様子を表す慣用句です。

ここに注意　主な慣用句(1)

二つ以上の語が結びついて、もとの語の意味とは全くちがう意味を表す語。体の一部を使ったものが非常《ひじょう》に多いことが特徴《とくちょう》です。

・手がかかる…世話がいる様子。
・手にあせをにぎる…物事の成り行きをどうなることかと、はらはらして見る様子。
・手も足も出ない…どうすることもできなくて困《こま》っている様子。
・足が棒《ぼう》になる…歩きすぎて足がこわばる。
・足を洗《あら》う…悪いことをやめてまじめになる。
・目が利《き》く…物の価値を見分ける力があるということ。
・目をかける…特別にかわいがること。
・鼻であしらう…相手にせず冷淡《れいたん》にあつかう。
・鼻にかける…自慢《じまん》する、得意がること。
・口がすべる…うっかりしゃべってしまうこと。
・口を合わせる…調子を合わせる。
・耳を貸《か》す…人の話を聞く。
・歯に衣着《きぬき》せぬ…思ったままをはっきりと言う。
・顔をつぶす…その人の立場を悪くする。
・首が回らない…借金などでやりくりができない。
・腹《はら》を割《わ》る…かくさずに本心を打ち明ける。

● 4・5ページ（ステップ2）

❶ (1)①エ　②イ
(2)始終

考え方　(1)①「兄は読書に余念がない。」のように使います。②「あらがう」は、相手の言うことを否定《ひてい》する、ていこうするなどの意味を表します。(2)「一部始終」は、「物事の始めから終わりまで」という意味の四字熟語です。「事件の一部始終を目撃《もくげき》する。」などのように使います。

❷ (例)自分

考え方　「本人」など、同じ意味で漢字二字の言葉なら正解とします。「情けは人のためならず」のほかに、よくまちがって使われる慣用表現に、「気が置けない」「役不足」などがあります。「気が置けない」は本来、「気をつかわずに心から打《う》ち解けられる」という意味ですが、「気を許《ゆる》すことができない」という反対の意味で使われていることも多いです。また、「役不足」は本来、「本人の実力に比べて役目が軽すぎる」という意味ですが、「本人の実力に対して役目が重すぎる」と、全く正反対の意味に使われることがしばしばです。知らない言葉が出てきたら、必ず辞典を使って確《たし》かめる習慣をつけるとよいでしょう。

ここに注意　主な四字熟語

・一日千秋…一日が千年のように長く感じられること。待ち遠しいこと。
・一刻千金《いっこくせんきん》…ひとときが大金に値《あたい》するくらいすばらしく、大切だということ。
・一進一退《いっしんいったい》…進んだり退《しりぞ》いたりすること。良くなったり悪くなったりすること。
・一心不乱《いっしんふらん》…一つのことに集中し、他のことで心を乱《みだ》されないこと。
・一石二鳥…一つのことをして、二つの利益を得ること。
・右往左往《うおうさおう》…うろたえて、あっちに行ったりこっちに行ったりすること。
・喜怒哀楽《きどあいらく》…喜びと怒りと悲しみと楽しみ。人のさまざまな感情。
・公明正大…公平で少しもやましいところがないこと。
・四苦八苦…非常に苦しむこと。
・青天白日《せいてんはくじつ》…心に後ろ暗いところがないこと。無実が明らかになること。
・千差万別…いろいろな種類があって、さまざまにちがっていること。

・大器晩成《たいきばんせい》…大人物は才能《さいのう》が現《あらわ》れるのはおそいが、年を取ってから大成するということ。
・大同小異…細かい点にちがいはあるが、大体は同じであること。
・適材適所…その人の能力や適性《てきせい》にふさわしい地位や仕事につけること。
・二束三文《にそくさんもん》…数が多くても値段《ねだん》がとても安いこと。
・馬耳東風《ばじとうふう》…人の意見を心に留《と》めずに聞き流すこと。
・八方美人…だれからもよく思われようと、うまくふるまうこと。また、そのような人。
・半信半疑《はんしんはんぎ》…半分は信じているが、半分は疑《うたが》っていること。
・無我夢中《むがむちゅう》…あることに熱中して、われをわすれてしまうこと。
・有名無実…名ばかりで、実質《じっしつ》がともなっていないこと。
・臨機応変《りんきおうへん》…その場その時に応じて適切な手段を取ること。

2　指示語をおさえる

・6・7ページ（ステップ1）

❶ ⑴自ら手を挙げたこと。　⑵（合唱に熱が入らない子が多く、）息子がいらだち、家でもふさぎこんでいたこと。

考え方　指示語（こそあど言葉）は直前の文や段落の言葉、内容を指し示していることが多いので、まずは指示語の前の部分からさがすようにしましょう。指示内容は、そのままぬき出せる場合と、少し言葉を整える必要がある場合があります。指し示す言葉が見つかったら、指示語の部分にあてはめてみて、うまく意味が通るかどうかを確《かく》認《にん》するくせをつけるとよいでしょう。

❷ ⑴海がいちば　⑵人生もまた

考え方　⑴では、直前の文（段落）全体の内容を指し示しています。また、⑵のように、あとの部分を指し示す場合もあるので注意しましょう。

❸ ⑴松坂屋（の）　⑵（大きな通りを渡ったすぐのところの）異様な空間。　⑶（親が心配するほど）帰りが遅くはならなかったこと。

考え方　⑴「その周辺」にあてはまる形にすると、「松坂屋の（周辺）」という形になります。⑵は「大きな通りを渡ったすぐのところ」でも正解とします。⑶では、指示語のあとの「～もあって、私の初めての小さな旅については、親に不審がられもせず…」との意味関係を考えます。

❹ ⑴年を重ねる～向がある。　⑵（体が）大きくなること。

考え方　⑴直前の文の後半を指し示しています。⑵直前の部分を指しています。「それ」は名詞《めいし》（代名詞）なので、「大きくなること」のようにして、「それ」と置き代えられるようにします。

ここに注意　指示語の働き

指示語とは、物事・方向・場所などを指し示す働きをする言葉で、
これ・それ・あれ・どれ
この・その・あの・どの
などの「こそあど言葉」のことです。
指示語が指し示す内容は、多くの場合、その指示語より前にあります。
例 青木君はいつもメダルを持ち歩いている。
それはかれの宝物《たからもの》だ。
↓指し示しているのは「メダル」。
指示語の部分に置きかえてみると、「青木君はいつもメダルを持ち歩いている。メダルはかれの宝物だ。」となって、意味が通ります。指し示している物事がわかったら、この方法で確《たし》かめるようにしましょう。

・8・9ページ（ステップ2）

❶ ⑴体温が下がること。　⑵ウ　⑶イ

考え方　⑴「それ」＝「恐いこと」なので、意味のつながりを考えて指し示す内容をさがします。⑵直前に書かれた内容をおさえます。ハチドリは「昼は餌をとるが、夜は寝ざるをえない」とあるように、夜寝ている間は、餌がとれないので、エネルギー的にもたないのではないか、ということが述《の》べられています。⑶――線③の「それ」が指し示しているのは「朝早く起きたチョウ

はうまく飛べなくてモタモタしていること」です。――線イの「これ」は、厳密《げんみつ》にいえば「朝早く起きたチョウはうまく飛べなくてモタモタしている理由」を指しています。ちなみに、――線アは「夜露で羽根が濡れているからうまく飛べないという説」を指しています。

2
(1)つぎの当た〜住んでいた(こと。)
(2)会社(仕事)
(3)アイデアを出し実行し成功させること。

考え方 (1)前の二文の内容をおさえます。「戦争が終わって間もなく」、良行がまだ子供だった頃は、つぎの当たったズボンをはき、水道もない家に住むようなことは、普通だったのです。(2)直前の段落《だんらく》の最後に「もう次の世代に会社を譲らねばならないところに来ている」とあるので、「取り上げられる」もの＝「会社」であることがわかります。「仕事」でも正解とします。
(3)直前に書かれた内容をおさえます。「何かのために稼ぐ」のではなく、「アイデアを出し実行し成功させる」ということ自体が面白かったとあります。

3 接続語をおさえる

・10・11ページ（ステップ1）

1 ①イ ②エ

考え方 接続語（つなぎ言葉）は、前後の文や段落どうしがどういう関係になっているかで判断《はんだん》します。ア「だから」は順接、イ「ところが」は逆接、ウ「また」は添加、エ「つまり」は説明の働きをもつ接続語です。①の前では「何が楽しいのだろうか」といっていますが、あとでは「これがそうでもない」と否定《ひてい》しています。前とあとで反対の内容になっているので①には逆接の接続語が入ります。②では、あとで「視覚には……働きがあるのだ」と、前に述《の》べたことについて説明を加えているので、説明の接続語が入ります。

2 ①エ ②ア

考え方 ①の前では、汽船の見た目について「漁船のように見える」といっており、そのあと、「廃船まぎわの老朽船といったところだ」と付け加えられているので添加の接続語が入ります。②は、前で「老朽船といったところだ」とあるのに、あとでは「妙に落ち着く」とあり、前後でくいちがう内容になっているので、逆接の接続語が入ります。

3
(1)イ
(2)つまり

考え方 (1)僧侶の姿《すがた》について、□の前では「〈異形〉の存在であることが……一目でわかる」とあるのに、あとには「〈異形〉の存在にも、明確な構成のルールがある」と続いています。「異色」ではあるが、明確なルールがある、というつながりなので、□には逆接の接続語が入ります。
(2)「要するに」も「つまり」も、説明の働きをもつ接続語です。説明の働きをもつ接続語には「なぜなら」「すなわち」などもあります。まとめて覚えておくとよいでしょう。

4 ウ

考え方 □の前では日本のお茶について述べていますが、あとでは「中国茶の世界」について述べています。前後で話題が変わっているので、転換の働きをもつ接続語が入ります。

ここに注意 接続語の働き

接続語とは、前後の語と語、文と文、段落と段落などをつなぐ働きをする言葉です。
○順接…前の事がらが原因《げんいん》となって、あとの結果となることを表す。
それで・だから・そこで・すると・したがって・それだから
○逆接…前に述べたこととあとに述べることが、つながりのうえで逆になることを表す。
しかし・だが・ところが・けれども・だけど・でも・それでも
○並立…二つ以上を並《なら》べる。
また・および

○添加…付け足す。
そして・しかも・そのうえ・また・それから・おまけに
○選択…二つ以上の中から一つだけを選ぶ。
または・あるいは・それとも
○説明…前の事がらについて、説明や補《おぎな》いを加える。
つまり・なぜなら・すなわち・ただし
○転換…話題を変える。
ところで・さて・ときに

● 12・13ページ（ステップ2）

1

(1)エ
(2)②ア　③イ

考え方　(1)——線①「なぜなら」は説明の働きをもつ接続語です。「何人のこっているか、という問題は解けない」理由を「なぜなら……」と説明しています。(2)[②]の前には「問題は、解きようがない」とあり、あとには「問題をみた……当惑した」とあります。前で述べた事実に、新たに事実を付け加えているので、[②]には添加の接続語が入ります。[③]は、前で「気をつけて出題してほしい」といっているのに対して、あとでは「けっして出題者のまちがいによるものではなかった」といっています。前後が反対の内容になっているので、[③]には逆接の接続語が入ります。

2

(1)イ
(2)イ

考え方　(1)□のあとで、「屋根の下に家が入ると家になる」という前の文の意味を説明しているので、□には説明の働きをもつ接続語が入ります。(2)「ところが」は、「しかし」「だが」などと同じ、逆接の働きをもつ接続語です。

● 14〜17ページ（ステップ3）

1

(1)①エ　⑤ア
(2)(例)ぼくにおんぶしてもらう(気。)
(3)音
(4)だだ
(5)なんでおんぶなんかしたんだろう

考え方　(1)[①]の前で「外にでてみた」結果、わかったことがあとに続くので、[①]には順接の接続語が入ります。[⑤]の前では「内心うんざりだった」といっているのに、あとでは「いい子ぶって……反対のことをいっている」とあります。逆の内容があとに続いているので、[⑤]には逆接の接続語が入ります。(2)女の子は、少し前に「おんぶ」といって、「ぼく」におんぶしてほしいとねだっています。(3)「白」は、「しろ・しろ-い・しら」が訓読み、「ハク」が音読みです。(4)「だだをこねる」は、あまえたり、わがままにふるまったりして困《こま》らせるという意味を表します。(5)「ぼくはおおいに後悔した」もあてはまりそうですが、問いに「思ったことを書いた部分」とあるので、「なんで……だろう」の部分が正解です。

2

(1)a理想　b人工
(2)一方では社会をつくり、他方で現実とは何かということを決めていくこと。
(3)ウ
(4)ウ
(5)(ネズミが)仕切り板があったところまできてぴょんと跳んだ(こと)

考え方　(1)a「理想と現実の差」などと使われます。また、「空想」、「仮想《かそう》」などでも正解とします。まとめて覚えておきましょう。bたとえば、「自然美」に対して「人工美」などといいます。(2)直前の一文を指しています。「それ」という名詞(代名詞)に合わせて、「〜こと」という形に整えましょう。(3)「ある種の制約がかかっていません」→「学生諸君は……気づいていない」、「ずっと先まで行く」→「途中で……もどる」。どちらも[A]のあとで異《こと》なる内容が続いているので、逆接の接続語が入ります。(4)[B]のあとで、前の「学生諸君は……気づいていない」理由が説明されているので、「なぜなら」「つまり」などの説明の働きをもつ接続語が入ります。(5)直前の一文を指しています。「もう一度出直して」から書いても正解とします。

ここに注意　主な対義語

・全体―部分　・進化―退化《たいか》
・相対―絶対《ぜったい》　・受動―能動
・同質―異質　・直接―間接
・動的―静的　・主観―客観
・偶然《ぐうぜん》―必然　・公用―私用
・被害《ひがい》―加害　・横断―縦断《じゅうだん》
・陰気《いんき》―陽気　・巨大《きょだい》―微小《びしょう》
・消費―生産　・自然―人工
・空想―現実　・深遠―浅薄《せんぱく》
・慎重《しんちょう》―軽率《けいそつ》　・需要《じゅよう》―供給《きょうきゅう》
・増加《ぞうか》―減少《げんしょう》　・前進―後退《こうたい》
・拡大《かくだい》―縮小《しゅくしょう》　・以前―以後
・始発―終着　・難解《なんかい》―平易《へいい》
・悪意―善意《ぜんい》　・過去《かこ》―未来
・好調―不調　・楽観―悲観
・平凡―非凡　・積極―消極
・是認《ぜにん》―否認《ひにん》　・利益《りえき》―損失《そんしつ》
・正常―異常　・延長《えんちょう》―短縮《たんしゅく》
・上昇《じょうしょう》―下降《かこう》　・安心―不安
・当番―非番　・安全―危険《きけん》
・有能《ゆうのう》―無能　・困難《こんなん》―容易
・原因《げんいん》―結果　・成功―失敗
・単純《たんじゅん》―複雑《ふくざつ》　・有料―無料
・理性《りせい》―感情　・抽象《ちゅうしょう》―具体

4　心情を読み取る

・18・19ページ（ステップ1）

❶ ウ

考え方　アの「同情」やイの「困惑」の気持ちもまざっていますが、いちばん強いのはウの「哀切（哀《あわ》れさで胸《むね》がしめつけられること）」です。

❷ (1)(例)鍋というのはみごとに性格の出るものだから。
(2)(例)僕の「鍋が～まいである。

考え方　(1)「みごとに性格の出る」鍋で、「あいつとだけはご一緒したくない」と言われてはもう人間としておしまいだという のが筆者の考えです。(2)僕はKのことを「鍋がたき」だと、思っています。「こいつが前に座るともうその日のナベはおしまい」とあるように、僕にとってKは、「あいつとだけは鍋をご一緒したくない」と思う相手なのです。

❸ ア・エ

考え方　「もうすぐだ」とあるところから、「期待」があることはすぐにわかります。――線部の直前には、「不吉な気配を漂わせた人」とあるので、「不安」の気持ちもまじっていることがわかるでしょう。

❹ 立派な作品～に出くわす(から。)

考え方　――線部の次の文に、筆者が「文豪といわれる人達の……日記とか書簡集とかがことの外好き」な理由が書かれています。「～から」に続く形にすることと、「四十字程度」という字数制限《せいげん》に注意してぬき出すようにしましょう。

ここに注意　心情の読み取り方

心情とは、心の中で感じているもののことです。物語を理解するためには、登場人物の心情を読み取ることが重要となります。心情を読み取るためには、次のようなところに注目します。

○登場人物の気持ちが直接《ちょくせつ》書かれたところ
例 内供《ないぐ》は実にこの鼻によって傷《きず》つけられる自尊心《じそん》のために苦しんだのである。
（芥川龍之介「鼻」）
○人物の動作や表情などから心情がわかるところ
例 内供は苦笑した。（芥川龍之介「鼻」）
○人物の言った言葉や言い方から心情がわかるところ
例 「ひどい男だ。よく、そんな悪い事ができるね」（夏目漱石《なつめそうせき》「三四郎《さんしろう》」）

・20・21ページ（ステップ2）

1 (1)エ
(2)(例)安心
(3)木や杭

考え方　(1)――線①よりあとの文章を読むと、「ねじまがりの滝」が川下りにおける重要地点で、アメンボ号の一行がそこに近づいたことで興奮していることがわかります。(2)前の段落《だんらく》に「そのままどんどんスピードを増して一気に滝に突入していってしまうような恐怖を感じた」とあります。そこで、ねじまがりの滝までの距離をしっかりつかんで安心したかったのです。「安心」と同じような意味の漢字二字の言葉なら正解とします。(3)二つ前の段落に「鎖がわりにロープでとめるにもその支えとなる木や杭が見つからなかった。」とあります。また、「ふたりがロープでアメンボ号を押さえているあいだにほかのふたりが偵察に行ってくる」ともあります。これらのことから、「僕とフーちゃん」が「木や杭」の役割をしていることがわかります。

2 空には、

考え方 細い月が霞の中にかすかに浮かぶ様子に、杜子春の心細さがたくされています。このように、情景には登場人物の心情が反映《はんえい》されることがよくあるので、注意しましょう。

ここに注意 情景から心情を読み取る
情景は単なる風景ではなく、登場人物の心情を反映していることが多いので、注意が必要です。
例雨は、羅生門《らしょうもん》をつつんで、遠くから、ざあっという音をあつめて来る。
（芥川龍之介「羅生門」）

5 心情の移り変わりをつかむ ……

● **22・23ページ（ステップ1）**

1 A責任　B解決

考え方 ――線①「石川のバカ、と心の中でののしっていた」のは、石川が「ぼく」の宝物のことを山下に話したからです。それに対して石川が「責任《せきにん》」を感じ、「ぼく」の兄貴に宝物を取られたことにするという「解決」策を講じてくれたので、「ぼく」は石川を許《ゆる》す気持ちになったのです。

2 自分でものを書くようになったから。

考え方 なぜ「自分でものを書く」ようになってから、書店に行かなくなったのか、というくわしい心の動きは、さらにあとに書かれています。

3 (1)義務遂行の希望
(2)斜陽は

考え方 (1)「五臓が疲れているときは、ふいとあんな悪い夢を見るものだ。」とあります。疲労のためにいったんは投げやりな気持ちになったメロスでしたが、疲労が回復したので、再び義務を果たす希望がわいてきたのです。「名誉を守る希望」も正解とします。(2)「葉も枝も燃えるばかりに輝いている」に、メロスの燃えるような義務遂行への思いが反映されています。

ここに注意 心情の移り変わりのとらえ方
登場人物の心情の移り変わりを読み取るためには、次のようなことに注目します。
○登場人物の心情の変化が直接《ちょくせつ》書かれたところ
例あたしは満足し、少しだけつらいのを忘れられた。
（あさのあつこ「ガールズ・ブルー」）
○人物の態度《たいど》、動作・表情から心情の変化が読み取れるところ
例路行《みちゆ》く人を押《お》しのけ、跳《は》ねとばし、メロスは黒い風のように走った。
（太宰 治「走れメロス」）
○人物の言葉や言い方から心情の変化を読み取れるところ
例「おまえらの望みは叶《かな》ったぞ。おまえらは、わしの心に勝ったのだ。信実とは、決して空虚《くうきょ》な妄想《もうそう》ではなかった。どうか、わしをも仲間に入れてくれまいか。」
（太宰 治「走れメロス」）

● **24・25ページ（ステップ2）**

1 (1)傍観者の利己主義
(2)イ
(3)Aつけつけ　B陰口
(4)――こうなれば、もう誰も嗤うものはないにちがいない。

考え方 (1)この言葉でまとめられている人間の感情は、三段落目《だんらくめ》の「もちろん、誰でも他人の不幸に同情しない者はない……抱くようなことになる。」という部分でくわしく説明されています。そのあとに「この……をそれとなく感づいた」とまとめています。(2)「もう一度その人を、同じ不幸に陥れてみたいような気」の先にある気持ち

なので、「好意」「善意」「敬意」のようなプラスの感情ではないとわかるでしょう。⑶A「つけつけと」は、遠慮《えんりょ》しないで、思ったことを言い切る様子を表す言葉です。B本文中では「陰口をきく」という慣用句《かんようく》が用いられています。「陰口をたたく」ともいいます。⑷内供は⑶のように「鼻の短くなったのが、かえって恨めしくなった」のですから、元の鼻にもどったことで、かえってはればれした気持ちになったのです。

6 原因・理由をつかむ

●26・27ページ（ステップ1）

❶ ⑴世間 ⑵趣味

考え方 次の段落《だんらく》に「私」のオタク観がまとめられています。「私自身」はそのオタク観とは相いれず、「世間さまの目を気にすることおびただしい」ので、「本物のオタク」ではないと思っているのです。

❷ ハンマー石で〜かけになった

考え方 「それは謎に包まれています。」といっているので、あくまで筆者の推察です。「〜と想像できます。」という文末表現《ひょうげん》からもそのことがわかります。

❸ 三年間、担任が大当たりだったから。

考え方 ——線部の直後に理由が書かれています。「〜のだ。」という文末表現からも、理由を書いた文だということがわかります。

❹ ⑴遊ぶような余裕がないから。
⑵楽々と樹の

考え方 ⑴——線①の直後に理由が述べられています。⑵直後の一文に——線②の理由が書かれています。「〜からです。」という理由を表す文末表現に注意してさがしましょう。

ここに注意 原因・理由のとらえ方

物語やエッセイなどの文学的文章を読むときも、説明文や論説文《ろんせつ》などの説明的文章を読むときも、原因・理由を読み取ることが、文章の理解のうえで重要になります。次のようなことに注意して、原因・理由をとらえましょう。

○直接的な表現で書かれているところに注意する。

例 敗北の原因は、相手の先制攻撃《せんせいこうげき》を止められなかったことだ。

○接続語などに注意する…特に説明の働きをもつ接続語（なぜなら・つまり・すなわちなど）に注目しましょう。

例 なぜなら、われわれは最後までやりとげるとちかい合ったからだ。

○文末表現に注意する…「〜からだ。」「〜というわけだ。」など、原因や理由を述べていることがわかる表現に注目しましょう。

例 なぜそんな状況《じょうきょう》になったかというと、炭酸ガス（CO_2）の濃度《のうど》が非常に高くなったからである。
（池田清彦《いけだきよひこ》「38億年　生物進化の旅」）

●28・29ページ（ステップ2）

❶ ⑴完全な最良な時計を持っていないという不満（があるから。）
⑵（例）男の差し出した時計が、以前生徒たちから贈られた時計であること。

考え方 ⑴二つあとの段落の冒頭《ぼうとう》に書かれています。出世した「彼」は、プライドから「完全な最良な時計」でないとがまんがならなくなっているのです。⑵時計に「裏側のへこみ」があったことから、そのことがわかります。

❷ エ

考え方 「なぜなら」は説明の働きをもつ接続語です。この「なぜなら」や「つまり」のあとには理由などが説明されていることを覚えておきましょう。「〜だから。」と理由を説明する文末表現になっていることに注目します。

7 言いかえの関係をおさえる

●30・31ページ（ステップ1）

❶ 政治の中心地・武家の都

考え方 鎌倉の地理や歴史を説明した文章です。「この武家の都」のように、指示語《しじ》などにも注意して、鎌倉を指している言葉を指定の字数でさがしましょう。

❷ 野放図に森が伐られること・森林の過度な利用

考え方　――線部の直後で、別の言葉に言いかえて「乱開発」の内容を説明し、次の段落でも同じ内容にふれています。別の言葉による言いかえが多いということは、その言葉が文章中で重要な意味をもつ「キーワード」であることを示《しめ》しています。

3　複雑な多種多様の感情

考え方　いくつかの言葉で言いかえていますが、字数が合うものは一つだけです。

4　①構造　②機能

考え方　昆虫に翅ができたのが「構造」の変化で、その翅を飛ぶことに使うようになったのが「機能」的変化です。

ここに注意　言いかえの関係のとらえ方

言いかえの関係とは、同じ文章の中で同様の内容が別の言葉でくり返されていることです。言いかえられた部分は、作者や筆者が強調したい部分なので、特に注意が必要です。

例　イメージの出会いということについても触《ふ》れておきましょう。俳句《はいく》では取り合わせという言葉で呼《よ》ばれることがありますが、短歌でも詩でも、言葉と言葉が出会うことで一つの新たな世界ができます。例えば先に挙げた「五月雨《さみだれ》や大河《たいが》を前に家二軒《にけん》」では「五月雨」「大河」という言葉と「家二軒」という言葉が出会っています。俳句ではこうした言葉と言葉の出会いがイメージを味わい深いものにします。

（森山卓郎《もりやまたくろう》「日本語の〈書き〉方」）

● **32・33ページ（ステップ2）**

1　(1)人類が生～いった。

(2)(例)土や水があり、安定している(環境。)

(3)(例)ライバルとなる植物も少なく、生存を脅かす害虫も少ないから。

(4)エ

考え方　(1)人類と雑草の関係を、言葉を変えてくり返しています。この文章の要旨《ようし》にかかわる重要な事がらです。(2)「土もなく、水も少ない。人や車が、引っ切りなしに通っていく」都会は「けっして『住みやすい場所』とは言えない」とあることから、「住みやすい場所」とは、反対に「土があり、水があり……」といった場所になります。(3)雑草は弱い存在なので、ライバルや天敵の多い「安定した環境」では生き残れません。だから、環境が厳しく「強い」植物が住まない都会こそが、「生存の可能性がある」場所だったのです。(4)「都市は、生き残り戦略が試される場所」とあるように、ライバルや敵がいないかわりに、厳しい環境を乗り越える知恵が求められる場所なのです。

2　通勤電車側の人間

考え方　「私」はまっぴるまの電車が好きで、通勤電車がきらいなのです。「サラリーマン風の男の人」は、まさにその「通勤電車」を思い出させる存在《そんざい》なのでしょう。

8　対比をつかむ

● **34・35ページ（ステップ1）**

1　源氏…②東国

平家…①桓武　③平清盛

考え方　この文章では、源氏と平家を対比することによって、両者の特色をうかび上がらせています。初めに政権をにぎったのは平家で、源氏は平家をほろぼして、あとから独自《どくじ》の政権をつくり上げたという文章の主旨《しゅし》をとらえることが大切です。

2　①柱など構造材を見えるように組む構法　②柱や梁を見せない構法

考え方　「真壁構法」と「大壁構法」を対比しながら説明しています。両者の大きなちがいは、柱や梁などを見せるか見せないかという点にあることを理解しましょう。

3　反芻胃

考え方　ウシとウマの草の食べ方は全くちがうが、その主な原因は「反芻胃」をもつかもたないかという点にある、という文章の主旨を理解しましょう。

4　①調味料や香辛料の種類や使い方。

②調理法。

考え方　韓国料理と日本料理を対比し、違うところと近いところをそれぞれ挙げています。

ここに注意 対比のとらえ方

対比とは、二つの物事を突《つ》き合《あ》わせて比《くら》べることです。比べることで二つの物事のもつ特色がよりはっきりするので、説明的な文章でも、文学的文章でもよく用いられます。

例 外国の物語の令嬢《れいじょう》は、勇敢《ゆうかん》で、可愛《かわい》いね。好きだとなったら、河《かわ》を泳いでまで逢《あ》いに行くんだからな。日本では、そうはいかない。……（太宰《だざい》 治《おさむ》「富嶽百景」）

↓対比することで、「外国の物語の令嬢(「娘《むすめ》」の敬称《けいしょう》)」と日本の女性の特徴を浮《う》かび上がらせている。

● 36・37ページ（ステップ2）

1 (1)①その日の大きなニュースをコンパクトにまとめたり、分析・解説したりする(こと)。②海外ニュースが入る(こと)。

(2)①(一度きりの音声や映像でニュースを受け止めるので、)印象としては強く残る。②(活字や写真でニュースを受け止めるので、)何度も読み返して意味を深く考えることができる。

(3)より意味のあるように

考え方 (1)「夜のニュース」と「朝のニュース」を対比して、それぞれの特徴を述《の》べています。「……が夜のニュースの特徴です。」「朝のニュースの特徴は……」と述べられているので、わかりやすいと思います。

(2)「テレビやラジオのニュース」と「新聞のニュース」の特徴を、それぞれの受け止め方の違いから、対比して述べています。

(3)「何度も読み返す」ことができれば、じっくりと意味を考えることができます。だからこそ、活字や写真の場合は、伝える側も「より意味のあるように」伝えようとするのだ、という筆者の主張《しゅちょう》を理解することが大切です。

2 大人の顔色を読む

考え方 「地方の子供たち」と「都会の子」とを対比して、違いを浮《う》きぼりにしています。都会での遊びの空間は、「大人の持っている空間を貸してもらう」ことなので、「都会の子」は「大人の顔色を読む」ようになるという筆者の考えをとらえることが大切です。「顔色」は、ここでは「感情の表れた顔の様子」のことです。また、「読む」は、ここでは、「推《お》し量る」という意味で使われていますが、ほかに、「紙芝居《しばい》を読む。…声に出して言う。」「新聞を読む。…意味をつかむ。」「目盛《も》りを読む。…数える。」「(次の)手を読む。…先のことを予測《よそく》する。」などがあります。

ここに注意 主な多義語《たぎ》

多義語とは、使われ方によっていくつもの意味をもつ言葉のことです。

○て
・手を振る。…かたから指先まで。
・手の付いたなべ。…手で持つ部分。
・手が足りない。…働く人員。
・打つ手がない。…手段《しゅだん》。方法。
・手に負えない。…力。腕前《うでまえ》。
・手がかかる仕事。…手間。

○あかるい
・明るい部屋。…光が十分にある。
・父は町の歴史に明るい。…よく知っている。くわしい。
・明るい性格。…性質《せいしつ》がほがらか。
・見通しは明るい。…よい結果が出そうだ。

○やぶる
・紙を破る。…引きさく。
・金庫を破る。…無理にこわす。
・約束を破る。…決めたことを守らない。
・記録を破る。…上回る。
・ライバルを破る。…相手を負かす。

文章の中での意味は、前後の文脈から判断《はんだん》するようにしましょう。

● 38〜41ページ（ステップ3）

1 (1)ウ
(2)ア
(3)(例)すがすがしい

考え方 (1)あとに「〜ように」という言葉が続くことから、この言葉と対応《たいおう》する言葉を選びます。(2)あとの「それから二ヶ月目」の場面から読み取ります。「うずのしゅげの花」は、「銀毛の房」に変わって、

「今にも飛び立ちそう」になっています。この「飛び立ち」は、うずのしゅげの花にとっては一種の「死」というさけられない運命なので、ひばりの言葉には、どこか気の毒そうなひびきがあります。(3)あとの「僕たちばらばらになろうたって、どこかのたまり水の上に落ちようたって、お日さんちゃんと見ていらっしゃるんですよ。」という、うずのしゅげの言葉からも、使命を果たし終えた者の満足感がうかがえます。「すがすがしい」に通じる、満足な思いを表す言葉なら正解《せいかい》とします。

2
(1)この男の子〜なしている(こと。)
(2)Aボラれた　B妙な知恵
(3)ウ

考え方 (1)「健気」とは、幼い子や弱い者が、困難《こんなん》に負けずに元気にがんばる様子のことです。六、七歳の男の子が一人前に店員としての仕事をこなしていることに筆者は心動かされたのです。字数に注意してさがしましょう。(2)「無礼な考え」とありますから、男の子に対して、あまりよくない考えを抱いていたことがわかります。(3)(2)のように男の子に対して「無礼な考え」を抱いたことを反省したあとも、筆者は、渡したチップを男の子が受け取ろうとしない理由を、額《がく》が「少なすぎる」せいだと考えました。つまり、男の子と父親の貧しさを見て、男の子は金をほしがるはずだと思いこんでしまっていたのです。ところが、男の子が「毅然」として拒絶したので、そのりっぱな態度に筆者は感動したのです。

9 事実と意見

● 42・43ページ（ステップ1）

1 このような

考え方 最後の段落《だんらく》の初めの「このようなこと」は、すぐ前の段落全体の内容《ないよう》を指し示しています。つまり、前の段落で挙げた「事実」をもとにして、最後の段落で筆者の「意見」が述べられているのです。

2 基本的に条里のなかには、道路と家がぎっしりつまっているだけ

考え方 字数が大きなヒントです。平城京の復元模型を見て、「条里のなかには、道路と家がぎっしりつまっているだけ」という事実がわかり、筆者は「これが本当に住みやすい都だったのだろうか」という意見(疑問《ぎもん》)をもったのです。

3 考えられます

考え方 事実と意見を区別し、筆者の意見をとらえるには、文末表現が大きなヒントになります。「〜と思う。」「〜ではないだろうか。」などが筆者の意見であることを表す文末表現です。

4 鳥たちの世界も、なかなか複雑なのだ。

考え方 最後の一文以外は、全て事実を述べた文です。

ここに注意 説明的な文章の見分け方
説明的な文章では、筆者はある事実をもとにして自分の意見や考えを述べていきます。したがって、事実を述べた部分と自分の意見や考えた部分を区別して読み取ることが大切です。
○接続語に注目する…特に、段落の最初の接続語は重要です。「なぜなら・つまり・すなわち」などの説明の働きをもつ接続語のあとには筆者の意見が述べられていると考えていいでしょう。
○文末表現に注意する…「〜ではないだろうか。」「〜と考えられる。」「〜と思う。」などの他に、「〜なのである。」「〜にちがいない。」など強い断定《だんてい》の表現で終わっている文なども、筆者の考えが述べられていると考えられます。

● 44・45ページ（ステップ2）

1
(1)エ
(2)A闘い　B調和
(3)(緑の庭は、)(例)人間と自然のせめぎあいによって生まれているのではないから。

考え方 (1)「人間の論理は芝生を管理して、美しい芝生として保とうとする。そこで、生えてきた『雑草』は引き抜かれてしまう」とあります。芝生に生えてきた雑草を

引き抜く行為《こうい》は、人間の論理にのみもとづくものであり、自然の論理はつぶされていることがわかります。(2)「異種同士の闘いが、調和のとれた力関係になったとき」、「共生」が実現するのですから、(1)のように一方的に人間の論理がまかりとおる状態《じょうたい》では、「共生」とは呼《よ》べないことがわかるでしょう。(3)「擬似共生」とは、「共生」に似《に》ているが、本当の「共生」ではないもののことです。「緑の庭」は緑ではあるが、自然の論理は排除されていることに注意しましょう。

10 段落の構成をつかむ

・46・47ページ（ステップ1）

❶ [2]・[3]・[4]

考え方 この文章は、最初に結論《けつろん》があり、次に本論がきて、最後に再《ふたた》び結論をくり返す構成になっています。本論の部分には、結論を導《みちび》き出すための理由が述べられています。

❷ [3]

考え方 一見言語の話のようですが、筆者がいいたいのは中華料理のことであって、言語の話題は結論を導き出すための材料にすぎません。中国語と一言でいってもその差異が大きいように、中華料理といっても実に様々なものをふくんでいるということを筆者は述べています。

❸ (1)本を読んで～できます。
(2)まことに本は人生を変えるのです。

考え方 (1)[2]段落に「それほど、本というものには力があります。」とあることから、本の力については、その前の[1]段落で述べられていると考えられます。四十五字程度という字数に注意してさがしましょう。(2)この文章は最初に筆者の考えが述べられ、次に筆者の経験（考えを導く実例）がきて、最後に再び筆者の考えをくり返す構成になっています。筆者がいいたいのは「本には力がある」「本は人生を変える」ということです。

ここに注意 段落の構成のとらえ方

段落には形式段落と意味段落があります。文章を書くときはまとまりごとに行を変えますが、この行が変わるまでのひとまとまりが形式段落です。一方、内容《ないよう》のまとまりによって、いくつかの形式段落をまとめたものが意味段落です。段落の構成を考えるときは、意味段落で考えるのがふつうです。

○意味段落の見分け方
・一字下げて書いてあるところを目印にして、形式段落を見つける。
・形式段落の内容をとらえ、接続語などをヒントにして内容がつながっているかどうかを考える。内容がつながっているひとまとまりが意味段落になる。

○全体の構成のとらえ方
・意味段落どうしの関係を考えるときも、接続語が大きなヒントとなる。段落の区切りでは、次のような接続語が使われることが多い。
〈順接〉だから・すると・それで
〈逆接《ぎゃくせつ》〉しかし・けれども・ところが
〈説明〉要するに・つまり
例 イヌは飼《か》い主《ぬし》を自分の群《む》れのリーダーだと思っている。だからイヌは、飼い主に従《したが》う。ところが、ネコは一匹《いっぴき》で単独《たんどく》に暮《く》らしたがっている。

・48・49ページ（ステップ2）

❶ (1)小さな急流のまま海に注ぐ川。
(2)ア・イ
(3)[3]・[4]・[5]
(4)流氷がはぐ～いるのです。

考え方 (1)「そんな川」が指し示すものなので、「～川」という形で答えることに注意しましょう。(2)ウ・エは、海の栄養になるものですから、「海の栄養を大量に陸域にもちあげる」具体例ではありません。イは、サケやマスを食べて落とした糞ですから、もとをたどれば「海の栄養」だといえます。(3)(2)のアに関することは[3]・[4]の段落に、イに関することは[5]の段落に書かれています。(4)最後の[6]段落が、この文章全体のまとめの段落であり、特に最後の一文に筆者の主張がまとめられていることに注意しましょう。

2 意識とは、自分が何をしているかをある程度知っていることです。

考え方 最初に「意識」とは何かを説明し、次に「意識」を典型的に示す「言語」についての説明に移《うつ》っていく構成を理解しましょう。

ここに注意 文章の形式

説明的文章には、次のような基本的な型があります。ほとんどの文章はこの型のどれかにあてはまりますので、これを頭に置いておくと、筆者の考えを読み取るのに役立ちます。

○尾括《びかつ》式
・序論《じょろん》(初め)…問題を提起《ていき》する。
↓
・本論(本文)…問題について考えを進める。
↓
・結論(まとめ)…筆者の考えをまとめて示す。

○頭括式
・結論 → ・本論

○双括《そうかつ》式
・結論 → ・本論 → ・結論

読み取ろうとする文章がどの方式に属するかがわかれば、筆者の結論をとらえることは容易《ようい》になるでしょう。

11 主題をとらえる

・50・51ページ(ステップ1)

1 ウ

考え方 人間が何かを「見る」ときの行動にも個人差があるという例を挙げ、「一人一人が……感じさせられた瞬間であった。」とまとめています。この最後の一文がこの文章の中心文です。

2 味覚にも節操というものがある。

考え方 最初に主題を述べ、そのあとにその実例を挙げています。

3 ①くさい ②くさく

考え方 [①]にも[②]にも「くさい」という言葉が入りますが、[②]は文に合わせて形が変わることに注意しましょう。

4 (例)日本の歴史や文化を軽視する日本人にはオリジナリティーはない。

考え方 筆者は「オリジナリティー」の重要性を主張《しゅちょう》しています。日本人が、国際社会でも通用するオリジナリティーを持つためには、自分が生まれた日本の「歴史や文化や古典を軽視」しないことが大切だと述べています。

ここに注意 主題のとらえ方

作者(筆者)が、その文章をとおして言わんとしている中心となる考えを、文学的文章では主題、説明的文章では要旨《ようし》といいます。主題をとらえるためには、次のようにします。

○物語など
主人公の心情《しんじょう》や考え方の変化に注目する。どういうきっかけで、なぜ変化が起きたのかを考えていくと、作者のうったえたいこと(主題)が見えてきます。

○エッセイ(随筆《ずいひつ》)など
さまざまな出来事・物事に対する筆者の思いや感動がつづられているので、その中心を考えることで、主題にせまることができます。

・52・53ページ(ステップ2)

1 (1)①過去 ②学問 ③女性
(2)要するに～とはない。

考え方 (1)やや難《むずか》しい問題かもしれませんが、三四郎が床の中で達した結論((2)の答えになります)をヒントにするとわかりやすいと思います。(2)「国から母を呼び寄せて」という部分が「第一の世界」、「美しい細君を迎えて」が「第三の世界」、「身を学問にゆだねる」が「第二の世界」に関わる部分です。

2 (1)口をきかない
(2)恋愛

考え方 (1)「相手が口をきかない分だけ、

人間のあらゆる思い入れを底無しにのみ込んで人間を一種の狂気に誘い込む」とあることから考えます。～～線部は「ずぶずぶと泥沼に足をとられる」という表現とつながっています。(2)「恋愛が正気ではないのと同じ」に、猫に「誘い込まれている人達は正気ではない」といっています。

12 結論をつかむ

● 54・55ページ（ステップ1）

❶ (例)死後について考えるのは悪いことではない。

考え方　最後の段落の一文が筆者の達した結論になっています。

❷ 子どものと〜さないこと

考え方　自分ひとりで「哲学をはじめる」方法について書かれた文章です。筆者の結論は、その方法をまとめた最後の一文に書かれています。そこからあてはまる部分を、「五十字程度」という字数に注意してぬき出しましょう。

❸ だから人に

考え方　野生の動物が生きていくことの大変さ、飼われている動物の楽さについて書かれた文章です。「だから」という順接《じゅんせつ》の働きをもつ接続語も、結論の一文を見つけるヒントになります。

❹ (例)立派な覚悟をもっている人は、いかなる誘惑もゆるがすことができない、ということ。

考え方　――線部をふくむ一文が、この文章の結論になっています。「その趣意(文章の表そうとしている意味)としては」とあるので、そのあとに重要なことが書かれていることがわかります。

ここに注意　結論のとらえ方

結論とは、考えた末にくだされる意見や判《はん》断《だん》のことです。説明的文章は、結論を得るため、あるいは結論を説得力のあるものにするために書かれます。

○結論の見つけ方

・段落どうしのつながりを考えて、事実が書かれている段落か、筆者の考えが書かれた段落かを考えます。

・筆者の考えがまとめられている段落を見つけます。説明的な文章では、ふつう初めの段落か終わりの段落に書かれています。

・まとめの段落から、接続語や文末表現に注目しながら、結論が書かれた部分を見つけます。

例　そして自然が分断されつくされた今日になって、私たちはようやく海は森からはじまっていることに気づいたのである。

（内山《うちやま》 節《たかし》「森にかよう道」）

● 56・57ページ（ステップ2）

1 (1)尻尾のあるなし

(2)遺伝的な差

(3)「心の進化」を読み解くための生きた化石

考え方　(1)「モンキーとエイプの区別、尻尾のあるなしの区別は心にとめておいてください」とあるので、重要なちがいであることがわかります。(2)ヒトとチンパンジー、ヒトとニホンザルの「遺伝的な差」を比《くら》べたうえで、「チンパンジーはニホンザルに近いのではなくて、きわめてヒトに近い」と結論づけているのです。(3)心は化石に残らないので、化石人類を調べるだけではなく、チンパンジーの心や暮らしを調べることで、「人間の由来を理解」しようという筆者の考えをとらえることが大切です。

2 (1)基調となるテーマ

(2)堅苦しい書

考え方　(1)「気軽に読んでもらうためには、一応読んでもらうだけのまとまりとか、それなりの流れ、『オチ』などといったものがあることが理想です。」とあります。この「読んでもらうだけのまとまり」のために考える必要があるのが「基調となるテーマ」です。(2)「ちょっと難しい」という言葉をヒントにしてさがすとよいでしょう。最後の一文が答えですが、同時にこの文は文章全体の結論になっています。

ここに注意　副詞《し》の働き

副詞は、主に動詞・形容詞・形容動詞を修《しゅう》

飾《しょく》する言葉です。

○状態《じょうたい》を表す副詞
・手紙をじっくり読み直す。
・あわててこそこそにげ出す。
・かみなりがゴロゴロと鳴る。

○程度《ていど》を表す副詞
・カメラを買うには少し足りない。
・今日はかなり寒い。
・出発してからずいぶん歩いた。

○あとにくる語と呼応《こおう》する副詞
・まちがっていたとは決して思わない。
・ぜひもう一度やらせてください。
・あの家は、まるでお城のようだ。
・おそらく雪が降《ふ》り出すでしょう。
・たとえ失敗しても、あきらめない。
・どうしてつらい道を選ぶのか。

・58〜61ページ（ステップ３）

❶ (1)A 個人的感情　B 価値観
(2)イ
(3)A世論　B批判
(4)エ

考え方　(1)——線①と同じ段落の最後の一文「それにもかかわらず、個人的感情と……大きな問題がまったく同列に語られ、しかもその中でもっとも優先されるべきは……個人的感情なのだ、といった価値観が広まりつつあるような気がする。」からぬき出します。この一文には、筆者の「涙（＝泣くこと）」についての考えがまとめられています。(2)北朝鮮による拉致の問題に関して、「その感情と『外交上、北朝鮮にどう対応していくか』ということは別の次元の問題のはずだ」といっていることから、筆者が「話し合われたこと……が、誰かの涙によって意味をなさなくなってしまうこと」を批判的にとらえていることがわかるでしょう。(3)——線②と同じ段落から、あてはまる言葉を見つけます。(4)最終段落で筆者は、「私たちは『涙』によって、歴史などのより大きな問題までをもリセットさせようとしてはいないだろうか。」と読み手に問いかけています。このように、「涙」が歴史、外交などの、個人のレベルを超えた問題に関してまで、大きな力を持つことに対し、筆者は危機感を抱いているのです。

❷ (1)原因は、手
(2)森と川と海はひとつのものである(という考え。)

考え方　(1)一文で一段落になっています。具体的な原因は、「手入れのされない杉山、農薬・除草剤・化学肥料の使いすぎ、農業現場の畜産排水、家庭からの雑排水、水産加工場から流される工場排水など」にあると述べられています。(2)「ゆたかな海に流れこむ川の流域にはかならず森があることも漁師は経験的に知っていました」とあるように、森、海、川はつながっていると、筆者が考えていることをおさえましょう。カキを育てる海の環境をよくするために、海に流れこむ川の流域に植林をし、森を育てることから始めようとしたのです。

13　物語を読む (1)

・62・63ページ（ステップ１）

❶ ①ウ　②ア

考え方　①の前で「買ってくれたまえと頼ん」でいるにもかかわらず、あとには「同じ様な事を繰り返している」とあります。前後がすんなりと続いていないので、逆接《ぎゃくせつ》の接続語である「ところが」が入ります。②では、あとに「今度は籠を御買いなさいと云いだした」とあるので、前の内容を受けてあとの内容に続ける順接の接続語「すると」が入ります。

❷ (1)天と地。
(2)高皇産霊神、神産霊神のお二方がお生まれになった(とき。)

考え方　(1)——線①「それ」と同じ文の前半からさがします。(2)直前の段落《だんらく》の最後の一文の内容を指《さ》し示《しめ》しています。天地と天御中主神に続いて生まれたのですが、天地はまだ固まりきっていなかったのです。

❸ (1)(例)机の置き場に工夫が要るうえ、永い通勤生活の習慣が染みついていた

から。

(2)イ

考え方 (1)部屋の問題と自分の習慣の問題の二点を読み取ることが必要です。(2)「いたずらに時を過ごす。」のように使います。ふざけて人が困《こま》ることをする「いたずら」とはちがうことを覚えておきましょう。

❹ (例)あたしは、綾菜のことを忘れるだろうということ。

考え方 「美咲の言うことは、正しい。的を射ている。」とあります。「的を射る」は、「重要な点をおさえる」という意味の慣用《かんよう》句《く》です。一緒に進級できなかった綾菜のことを、「すぐ、忘れちゃうよ」と言われた「あたし」は、返事につまりますが、心の中では美咲の言葉に納得《なっとく》しています。友人との関係性を保《たも》つには、「傍にいる」ことが何よりも大切だと感じていたからです。

ここに注意 主な慣用句(2)

・借りてきた猫《ねこ》…ふだんとちがっておとなしい様子。
・油を売る…むだ話をしてなまける。
・あわを食う…おどろいてあわてる。
・息をのむ…はっとして息を止める。
・後ろ指をさされる…かげで悪く言われる。
・えりを正す…気を引きしめてまじめな態度《たいど》になる。
・大きな顔をする…いばっている様子。
・肩《かた》を持つ…味方をする。
・きもを冷やす…危《あぶ》ない目にあいそうになって、ぞっとする。
・苦にする…気にかけて思いなやむ。
・しり馬に乗る…軽はずみに他人の言動に同調する。
・そりが合わない…たがいの考えや気持ちが合わない。
・高をくくる…大したことはないとみくびる。
・面《つら》の皮が厚《あつ》い…ずうずうしい。
・てんてこまい…いそがしくて、休むひまもなく働きまわること。
・とほうにくれる…どうしてよいかわからなくなる。
・涙《なみだ》をのむ…くやしさ・つらさにたえる。
・抜《ぬ》けめがない…やり方がうまく、ぬかりがない。
・根も葉もない…何の根拠《こんきょ》もない。
・羽をのばす…気がねなくのびのびする。
・一あわふかせる…不意をついて相手をおどろかせる。
・まゆにつばをつける…だまされないように用心する。
・水を差す…うまくいっていることのじゃまをする。
・虫がいい…自分のことだけ考えて、他人のことはかえりみない様子。
・やぶへび…よけいなことをして、かえってめんどうを引き起こすこと。

● 64・65ページ（ステップ2）

1 (1)イ

(2)それでもサ

考え方 (1)理由はテツオの側とサチの側の両方にあります。テツオは悪いことをしているという後ろめたさから興奮状態《こうふんじょうたい》にあり、「いつもと違って、一人でしゃべりまくって」います。一方サチは、テツオの悪事を見てしまったので、テツオの動向が気になって仕方がなく、よけいにうるさく感じられるのです。(2)サチがテツオの前に立ったのは、テツオへの怒《いか》りよりも、むしろ兄やんの気持ちを思ってたまらなくなったからです。

2 (1)(例)荷物を一つ減らせること。

(2)受験勉強

考え方 (1)「荷物を背負って八十キロ歩かなければならない」ので、折り畳み傘一つでも荷物を減らせれば「ラッキー」だというのです。(2)直前の一文の「そしてそれは、受験勉強一色の生活に突入するということでもある。」から読み取りましょう。

14 物語を読む (2)

● 66・67ページ（ステップ1）

❶ (例)何を言っていいか

考え方 一郎の考えたとんちのような申しわたしに、どんぐりたちはどう反応《はんのう》していいかわからなくなってしまったのです。「どんぐりの背比《せいくら》べ」ということわざを連想させる物語です。

❷ (1)竹やぶのそ〜かっていた。

(2)(例)ゆるんだ

考え方　(1)情景にたくして登場人物の心情をえがきだすことはよくあります。「ほてりが消えかかって」、日が暮《く》れようとしている情景からは、良平の心細さ、不安な気持ちが伝わってきます。(2)少し前に「やっと遠い夕闇の中に、村外れの工事場が見えたとき、良平はひと思いに泣きたくなった。しかしそのときもべそはかいたが、とうとう泣かずに駆け続けた。」とあります。このときも少し安心して泣きかけたのですが、まだ完全に安心とはいかなかったのでしょう。うちの門口について初めて不安や緊張《きんちょう》で張りつめた気持ちをゆるめることができたのです。

❸ 何だか大変小さく見えた。

考え方　清の今後を心配する「おれ」の気持ちが、清の姿《すがた》を実際《じっさい》以上に「小さく」見せたのです。

ここに注意　場面・情景の読み取り方

場面とは、物語やエッセイなどの文学的文章にえがかれている、その場の様子、状況《じょうきょう》のことです。また、情景は、風景や場面の様子をえがいたものですが、場の雰囲気《ふんいき》や人物の心情などが暗示されていることもあります。

○場面のとらえ方

・時をとらえる
時代・年月・季節・時刻《じこく》はいつか。
・場所をとらえる
風景などの様子もとらえる。
・登場人物をとらえる
中心人物、人物どうしの関係もとらえる。
・出来事をとらえる
人物の会話や行動から、その場で何が起きているかをとらえる。

○情景のとらえ方

・表現に注意して、えがかれている風景を思いうかべる。特に視覚《しかく》や聴覚《ちょうかく》にうったえる表現《ひょうげん》に注意し、比喩《ひゆ》や擬人《ぎじん》法などの表現技法《ほう》にも注目する。

情景は単なる風景ではなく、読み手の心にうったえてくるものなので、心情や場面とも関連させ、じっくりと読み取ることが大切です。

● 68・69ページ（ステップ2）

❶ (1)A 正しい　B 立派　C (例)うしろめたさ

(2)ア

考え方　(1)吾一は、「どっちが正しいか、そんなことはわかりきったことだ」と思いながらも、「腰かけてる自分のほうが、かえって恥ずかしい気もち」になるとあります。この二つの気持ちの間で吾一がゆれていることを理解しましょう。Cは、「うしろめたさ」と同様の意味で、字数が合っている言葉であれば正解《せいかい》とします。(2)(1)のように、いったんはゆれた吾一でしたが、先生の質問にうまく答えられたことから落ち着きを取りもどし、「今のような答え、きさまにできるかい」と京造を見返しています。京造に気おされゆらいでいた自信と自尊心《じそんしん》がよみがえっていることを理解しましょう。

15 随筆を読む

● 70・71ページ（ステップ1）

❶ (1)ア

(2)日本との風土のちがい。

考え方　(1)①の前では「げんに洗濯物を乾している家があるのが奇異だった」とあるのに、あとでは「その風景がわびしくなかった」といっています。奇異だったが、その風景はわびしくなかった、というつながりなので、①には逆接《ぎゃくせつ》の接続語「しかし」が入ります。(2)直前の文中の言葉を指《さ》し示《しめ》しています。

❷ 切実さ

考え方　「力を持つ何かを……初めて間近で見た」私は、「この世の中には圧倒的にかなわないことがあるのだと、初めて知った。」とあるように、「私」は、まなちゃんの絵のもつ、圧倒的な「力」を受け止めています。「力」とは、一本の道に描き込まれた「切実さ」で、この切実さが「私」を絵の中に引きずり込み「くぎ付け」にしたのです。

❸ 作家という〜ことが多い。

考え方 「そういう意味では、」の「そういう」の指す内容が、「その理由」にあたります。筆者にとって、「視覚的に思考する方が楽」であるため、「それくらいの枚数があったほうが、良かった」のです。

❹ (1)旅はどこか
(2)ア

考え方 (1)ほぼ同じ内容《ないよう》がもう一度くり返されています。このことから、このくり返された内容が筆者のいちばんいいたいことだということがわかります。(2)「お仕着せ」とは、もともとは季節に応《おう》じて主人が奉公人《ほうこうにん》に与えた衣服のことですが、そこから「一方的に与えられた、決まりきったもの」という意味で使われます。

ここに注意 随筆の読み取り方

随筆とは、気の向くままに自分の体験や見聞した物事について書いた文章です。

○随筆の読み方
・文章を書くきっかけとなった体験や出来事をとらえる。
・事実が書かれている部分と筆者の考えや感想が書かれている部分を区別し、筆者が事実から何を考えたかをとらえる。
・筆者の考えをもとに、主題を考える。

文学的な随筆では、主題がはっきりとは記されない場合もあります。筆者自身の感動をとらえるようにすると、共感とともに主題がわかってくることもあります。

例 私は、一生を神にささげた巫女《みこ》の生涯《しょうがい》のさびしさが、なんとなく私の心をひきつけるような気がした。
(芥川龍之介《あくたがわりゅうのすけ》「日光小品」)

● 72・73ページ（ステップ2）

❶ (1)(例)人間が次のステップへ進んでいく季節だが、立ち往生したまま動けない人もいるから。
(2)恐れと不安と憧れの入り交じった状態
(3)時代は不幸〜はできない(という思い。)
(4)ウェーバーの難解な著作。
(5)エ

考え方 (1)直前の二文をまとめて答えます。「みなが先へ進んでいくのを横目に見ながら、立ち往生したまま動けない人もいるから。」のような書き方でもよいでしょう。(2)「三四郎は私と同じく……右往左往します。」「都会の華やかさに……立ちすくんでいます。」の二つの文に書かれていることから、筆者と三四郎に共通する気持ちを読み取りましょう。(3)「末流」とは、ここでは、「世の終わり・末の世」という意味です。つまり、「末流意識」とは、今は末の世、よくない時代だという意識のことだと考えられます。「それと同じような思いを抱いた……」と続いていることに注目しましょう。(4)「それら」と複数《ふくすう》形になっているので、ウェーバーのいくつかの著作を指し示《しめ》していることがわかります。(5)最後の段落《だんらく》に「生きづらい世界の中で人間はどう生きていくのかを、ウェーバーがもがきながら必死に問いかけているのが伝わってきました」とあるところから考えます。

● 74〜77ページ（ステップ3）

❶ (1)エ
(2)ア
(3)イ

考え方 (1)篤義は朝子に千代子のことをみんなと一緒《いっしょ》になって馬鹿にしているのかと詰めよられ、「オラ言わん！」と、強い口調で抗議しているのです。(2)スミに「誰っちゃ助けんがか？」「アツは何しよる？」と聞かれて、千代子を助けなかったことを後悔《こうかい》する気持ちになったのです。(3)前後に書かれた内容から読み取ります。前で、秀男が篤義に「ひどい目にあいよるもんから見りゃあ、だまっちょるがも笑いよるがも区別出来んがじゃないろうか。」と問いかけています。その言葉を聞いて篤義は、「確かにそうである」と、自分が笑いものにされた時の経験《けいけん》を思い出して、納得《なっとく》しているのです。

❷ (1)僕はその姿

(2)A生活(お金・貧乏)　B子供

(3)ア

考え方 (1)「僕」は決して「彼」をにくんでいたわけではなく、むしろ「何か心を動かされていた」のです。それにもかかわらず、沢山の子分たちの手前、「つい心にもない行動をとって」しまったのです。(2)「うちは貧乏やけん、長男の俺が働いてお金ば稼がんとならんとよ。お前らみたいに遊んでるわけにはいかんっちゃ」という「彼」の言葉から考えましょう。(3)もともと「彼」の「姿に何か心を動かされていた」のですが、「彼」の言葉を聞いて、「彼がなぜか自分たちとは違う大人に見えた」とあるように、尊敬の気持ちが生まれたのです。

16 説明文・論説文を読む (1)

● 78・79ページ (ステップ1)

❶ (1)「自分だけ〜在しない」(という主張。)

(2)エ

考え方 (1)直前の文で、「独我論」とはどのような主張なのかを説明しています。それを受けて、筆者は、「これはバカげた主張だろうか?」と続けているので、「これ」が指し示すのは、独我論の主張の内容だとわかります。(2)[②]のあとで「『ぼくはなぜ存在するのか』という子ども時代のぼくの問題と、いま述べた独我論とは、どんなふうに関係しているのか」と述べられているので、前の段落と話題が変わっていることがわかります。したがって、[②]には転換《てんかん》の働きをもつ接続《せつぞく》語が入ります。なお、[②]のあとの「では」も転換の接続語です。

❷ (例)「やすらぎ」を得る(場所。)

考え方 二つあとの文に、「都市住民は、公園緑地からもっぱら『やすらぎ』を得ていると考えられます」とあるように、公園緑地は都市住民にとって、「食糧生産の場」ではなく、「やすらぎ」を得る場所なのです。

❸ (1)ウ

(2)脳がつくったものか、そうでないかというところ。

考え方 (1)[　]の前の「人間のつくったものは脳がつくっています」と、あとの「できてきたものはあらかじめ脳の中に入っていたのです」は、同じ内容を述べていますが、前の文では「脳」が主体、あとでは逆に「できてきたもの」が主体になっています。(2)筆者が「人工」と呼んでいるのは、「脳に関係するもの」のことです。「人間のつくったものは脳がつくっています」とあるように、筆者は脳がつくっているもののことを「人工」と呼び、そうでないものを「自然」と呼んでいます。

❹ (例)目立つ色で、自分が毒を持っていることを警告しているから。

考え方 「大きな魚や肉食動物」は、この色を見ると、毒を持っているから食べるのはやめておこうという気になるわけです。

● 80・81ページ (ステップ2)

❶ (1)イ

(2)ア

考え方 (1)「その人にとっては、私は『いなくてもいい人間』なんです。だって、私の話はもうわかったから。」とあります。つまり、「わかる」ということは、もうそれ以上話を聴く必要はないという態度につながるといっているのです。(2)少しあとで、「『おまえが私の話に同意しようと反対しようと、私は私の話に同意する』というきっぱりとした『聴き手無視』の態度に毒されて、なんだかこっちの生命力がよろよろと萎えてきてしまうのです。」とくわしく説明しています。

❷ (1)(例)複雑なことをかんたんにわかりやすく書く(こと。)

(2)(〝むずかしい内容〟をこわがらず、)

〝むずかしい内容を持った文章〟に慣れる。

考え方 (1)直前にその内容が書かれています。筆者は、内容がわかりにくいものなら、その内容に引きずられて、文章もわかりにくくなるので、それを他人にもわかりやすい表現にすることが、文章を書くうえで一番むずかしい高等テクニックだと述べています。(2)——線部のあとに、「『それができるようになるにはどうすればいいのか？』ということの答えは一つ」とあり、次の文にその内容が書かれています。

17 説明文・論説文を読む (2)

● 82・83ページ（ステップ1）

❶ (1)①同じ場所 ②真似た

(2)ネアンデル

考え方 (1)筆者は、ホモ・ネアンデルターレンシス（ネアンデルタール人）が滅びた原因は、ホモ・サピエンスとの戦いによるものではないと述べ、その根拠《こんきょ》となる事実を二つ述べています。数万年にわたって同じ場所で生活していたこと、文化を真似ていたことから、ネアンデルタール人がホモ・サピエンスと敵対《てきたい》関係にあったとは考えにくいと考察しているのです。文章中からあてはまる語句《ごく》を字数指定に注意してぬき出しましょう。(2)文末が「〜だろう。」と、推測《すいそく》を表す表現《ひょうげん》になっていることに注意しましょう。

❷ 発酵や熟成の力というのは偉大なものです（ね）

考え方 東南アジアの醤油「ナン・パ」についての事実をずっと述べたあと、最後に筆者の感想がまとめられています。

❸ (1)[1]

(2)・まじめ…（例）時間をもてあましたり思い出に浸ったりする。

・ふまじめ…（例）へこたれず、むしろ解放感にひたる。

考え方 (1)[1]段落で、「こういう生き方は、本人の思いとは反対に、じつはもっとも貧しい生き方なのかもしれない。」と結論を述べ、[2]・[3]段落でその理由が述べられていることに注意しましょう。(2)[2]段落に「まじめ」な人の様子が、[3]段落に「ふまじめ」な人の様子が書かれていることに注意しましょう。

ここに注意 要点のまとめ方

文章の要点とは、説明的文章に書かれている事がらの中で、最も重要なところのことです。主に段落について使われる言葉で、文章全体で筆者の最もうったえたいことは要旨《ようし》といいます。

○要点のとらえ方

・その段落の話題をつかむ。

・キーワード・キーセンテンスを見つける。キーセンテンス（中心文）は、段落の内容《ないよう》を最も端的《たんてき》に述べた文のことで、段落の最初か最後にある場合が多い。

・接続語に注目する。特に説明の働きをもつ接続語（つまり・要するになど）の直後には、要点に結び付く大事な内容が置かれることが多い。

・くり返し出てくる内容や、言いかえの表現に注意する。筆者が特に強調したいことは、文章中でくり返し述べられることが多いので、要点をつかむヒントとなる。

段落の要点は、要旨をとらえるうえでとても大事な要素《ようそ》となります。

● 84・85ページ（ステップ2）

❶ (1)（例）睡眠は、いつでも、どこでも、誰でも、条件さえ揃えば可能だから。

(2)・（例）車の運転中の居眠り

・（例）冬山で遭難したときの睡魔

(3)不可思議（なもの。）

考え方 (1)直前の一文が——線①の部分の理由となっています。「いつでも、どこでも、誰でも」ということは、つまり「人類に平等に与えられた」ものであることを意味しているのです。(2)どちらも「自分の意志に抗して襲ってくる睡魔」の例です。車の運転中に居眠りすれば事故《じこ》を起こす危険が高く、冬山で遭難したときに眠ってしまえば凍死《とうし》してしまう危険があります。睡眠は「心地よい」ものですが、同時にこのような危険な行為でもあるという点をおさえましょう。(3)筆者は、睡眠のことを「あまりにも魅力的」「人類に平等に与えられた趣味」「この上なく危険な行為」「自分でさえも自覚していない世界を垣間見せてくれる」など、いろいろな言葉で説明しています。それだけ多くの面をもった「睡眠」をひっくるめて「不可思議」だといっているのです。

2 (1)環境産業
(2)私は、木を

考え方 (1)「自然破壊産業」とは、伐採のように、自然にあったものを持ち出すという林業の一面をいっています。一方、「環境産業」とは、植樹《しょくじゅ》や下草取りなどのような、森をつくり育てるという林業の一面を表しています。(2)「〜全体を林業だと考えている。」という表現から、この一文は筆者が林業についての考えを述べている文だとわかります。

● **86〜89ページ（ステップ3）**

1 (1)イ
(2)A一　B二
(3)(例)死んでいる虫、生きている虫など、子供たちがじっさいに見ていることから、疑問を持たせながら教える。
(4)合理主義の〜が与えられ(るから。)
(5)エ

考え方 (1)「こういう」は、すぐ前の部分を指《さ》し示《しめ》しているので、直前の一文を「〜教育」の形でまとめているものを選びます。(2)「唯一無二」は、「ただ一つだけで二つとないこと」という意味の四字熟語です。「唯一」を強めていう言葉と考えればよいでしょう。「田中君はぼくの気持ちをわかってくれる唯一無二の親友だ。」などのように使います。(3)まず「そこらへん」が指し示す部分をとらえます。「そこらへん」は同じ段落のすぐ前の部分を指しているので、その内容を「五十字以内」でまとめます。(4)いまの子供をめぐる状況のなかで「冒険」が欠けてしまった理由は、——線④をふくむ段落の二つあとの段落にまとめられています。(5)——線⑤をふくむ一文の文頭に「だから」という言葉があることに注目しましょう。この言葉から、すぐ前に理由が書かれていることがわかります。

2 (1)A知能　B培地
(2)・(例)拇指対向性。
・(例)平爪になって指紋ができたこと。
(3)生態学的な立場(観点)

考え方 (1)筆者が——線①のような疑問《ぎもん》をもった理由は、同じ段落の、——線①よりあとの部分にまとめられています。なお、B「培地」とは、微生物《びせいぶつ》や動植物の組織《そしき》を人工的に増《ふ》やすために作られたもののことです。(2)「こうした」は、すぐ前の部分を指し示しています。「拇指対向性」は、「拇指と他の指が向かいあっていること」のように具体的にまとめても正解《せいかい》です。(3)サルの進化を考えるうえで、木登りのための適応形質の獲得のような「形態学的な立場」だけではなく、子どもの産み方のような「生態学的な立場」からも考える必要があるという筆者の考えを理解することが大切です。

18 詩を読む

● **90・91ページ（ステップ1）**

1 (1)魚はかわいそう
(2)①飼われ　②食べられ
(3)イ

考え方 (1)最初の一行で「海の魚はかわいそう」といい、最後の一行で再《ふた》び、「ほんとに魚はかわいそう」とくり返しています。ここに作者の感動の中心があることがわかります。(2)「けれども海のお魚は／なんにも世話にならないし／いたずら一つしないのに／こうして私に食べられる。」という第三連(「連」は詩のまとまり)の表現から、作者が「魚はかわいそう」と思う理由を読み取りましょう。⑶作者は「魚はかわいそう」といっていますが、生物は全て、生きていくためには他の生物の命をうばわなくてはなりません。その意味では、作者はあらゆる生物はかわいそうだといっているのだと思われます。

❷
⑴イ
⑵①ウ　②ア
⑶ア
⑷エ

考え方　⑴「海は天まであがってくる」「なだれおちるような若葉みどり」などの表現に比喩法が用いられています。⑵高く登るほど広く遠くまで見わたせるようになり、海も大きく見えるようになります。その海がせりあがってくるような様子を「天まであがってくる」と表現しているのです。⑶「叫びたくなる」のは、具体的にだれかに何かを伝えようとしているのではありません。「世界の広さ」にふれた感動のやり場に困《こま》って、叫びたいような気持ちにかられているのです。⑷作者の感動の中心は最後の三行にあるといえるでしょう。「きみは山頂より上に／青い大きな弧をえがく／水平線を見たことがあるか。」は、二行目の「海は天まであがってくる。」ともつながっています。

ここに注意　詩の表現技法

感動をより効果《こうか》的に表すために、詩にはさまざまな表現技法が使われます。

○比喩法…たとえを使って印象を強める。
・直喩（「ようだ」などを使う）
例　私の上に降《ふ》る雪は／真綿《まわた》のやう《よ》でありました
（中原中也《なかはらちゅうや》「生ひ《い》立ちの歌」）
・隠喩《いんゆ》（「ようだ」などを使わない）
例　僕の咽喉《のど》は笛だ
（村野四郎《むらのしろう》「体操《たいそう》」）
・擬人《ぎじん》法…人間以外のものを人間にたとえる。
例　きのうは子供《こども》を／ころばせて
きょうはお馬を／つまずかす。
（金子《かねこ》みすゞ「石ころ」）
○反復法…同じ言葉をくり返して、感動を強めたり、リズムをつけたりする。
例　月の光が照つてゐ《い》た
月の光が照つてゐ《い》た
（中原中也「月の光」）
○倒置法…語順を逆《ぎゃく》にして感動を強める。
例　金色《こんじき》のちひ《い》さき鳥のかたちして
銀杏《いちょう》ちるなり夕日の岡《おか》に
（与謝野晶子《よさのあきこ》「恋衣《こいごろも》」）
○対句法…似《に》た組み立ての語句を並《なら》べて強調したり、リズムを出したりする。
例　霧雨《きりさめ》のかかる道なり。
山風《やまかぜ》のかよふ《う》道なり。
（北原白秋《きたはらはくしゅう》「落葉松《からまつ》」）
○体言止め…行の終わりを体言（名詞《し》）で止め、余韻《よいん》を残す。
例　夜は黒……銀箔《ぎんぱく》の裏《うら》面の黒。
（北原白秋「夜」）

● 92・93ページ（ステップ２）

❶
⑴①イ　②エ
⑵地平線がおりてきて
⑶・空―地上
・上昇―落下
⑷エ

考え方　⑴今まさに棒高飛をしている競技者の目線でえがかれた詩です。棒を使って飛び上がった体が上がっていくにつれて、地平線が上がっていくように見えるのです。そしてそれは、まるで自分自身が地平線を押し上げているように感じられる錯覚を起こすものでもあります。⑵「上昇する地平線を追いあげる」は上に上がっていくときの感覚、「地平線がおりてきて」は、反対に落下するときの競技者の感覚をえがいた表現です。⑶この詩は、上昇から落下にいたる棒高飛という競技の一連の流れをえがいています。その意味でも、「空―地上」「上昇―落下」という対照をしっかりとらえておくことが大切です。⑷瞬間的に生まれ、すぐに消えてしまう競技者の肉体の動きを、カメラのように細かく、正確にとらえています。

❷
⑴エ
⑵イ

(3)ウ

考え方　(1)「僕の前に道はない／僕の後ろに道は出来る」は対句になっています。また、「自然」を「父」になぞらえているのは比喩法といえます。さらに、最後の二行は「この遠い道程のため／この遠い道程のため」と、同じ行を二回くり返しています(反復法)。(2)「常に父の気魄を僕に充たせよ」という表現からは、やさしさだけではなく、きびしさも感じられます。ここでいう「父」は、作者・高村光太郎の実際《じっさい》の父(高村光雲《たかむらこううん》＝高名な彫刻《ちょうこく》家)ではなく、人間を超えたもっと偉大な存在、「父なるもの」という意味だと考えられます。(3)「道程」とは「道のり」のことですが、この詩では、これまでに作者が歩んできた人生の道のりのことでもあり、これから作者が歩んでいこうとしている人生のことでもあります。その人生に対する決意表明のようなものが、この詩にはこめられていると考えられます。なお、「道程」はもともと一〇二行あり、過去《かこ》から現在までの作者の歩みをつづったものでしたが、最後の九行を独立《どくりつ》させてこの詩が成立しました。

19　短歌・俳句を読む

● 94・95ページ（ステップ1）

❶

(1)春

(2)薔薇の芽

(3)の

(4)ア

考え方　(1)「春雨」とあるので、春にうたった歌だということがわかります。「春雨」とは、春にしとしとと静かに降る雨のことです。「はるさめ」という特別な読み方をすることにも注意しましょう。(2)「くれなゐ(い)」はあざやかな赤色のことです。歌の初めにこの言葉があるので、特にこの色の印象が強く表れた歌になっています。(3)「くれなゐの｜」「薔薇の芽の｜」「春雨の｜」と、三十一音のうち四音が「の」です。(4)今にも咲こうとしている薔薇の生命力の強さに対して、やわらかく降り注ぐ春雨が静けさをかもし出しています。

❷

(1)①夏　②蝉

(2)イ

(3)ウ

考え方　(1)俳句でよみこむことになっている、季節を表す言葉のことを「季語」といいます。「蝉」は夏の季語です。(2)家の中から外の蝉の声を聞いていると考えられないこともありませんが、「岩にしみ入る」という表現から、その岩のそばに身を置いていると考えた方が自然です。また実際に、作者の松尾芭蕉は、岩に岩を重ねたような山寺の山上に立ってこの句をよんだとされています。(3)この句を読んで不思議に思う人もいるかもしれません。うるさいはずの蝉の声が聞こえているのに、「閑かさや」といっているからです。ここでいう「閑かさ」は、現実の静かさではなく、作者が感じている、ある心の状態《じょうたい》をいっていると考えるとわかりやすいと思います。

ここに注意　季語

○春(一・二・三月)
春めく・薄氷《はくひょう》・春一番・なだれ・春雨・菜《な》種《たね》梅雨《づゆ》・花ぐもり・花冷え・雪解《ゆきど》け・花見・野焼く・水温《みずぬる》む・山笑う・卒業・潮干《しおひ》狩《がり》・つみ草・山吹《やまぶき》・菜の花・うぐいす・ライラック・つばめ・ひばり・蛙《かえる》・白魚《しらうお》・よもぎ・蛤《はまぐり》・梅・つくし・たんぽぽ・桜《さくら》・蝶《ちょう》・蜂《はち》

○夏(四・五・六月)
短夜《みじかよ》・麦の秋・入梅・梅雨《つゆ》・土用・雷《かみなり》・夕立・虹《にじ》・夕焼け・五月雨《さみだれ》・新緑・風かおる・日盛《ひざか》り・青田・田植え・打ち水・風《ふう》鈴《りん》・金魚・うちわ・登山・ラジオ体操《たいそう》・蝉《せみ》・ほととぎす・蛍・夏休み・紫陽花《あじさい》・百《ゆ》合《り》・ばら・蝿《はえ》・蚊《か》

○秋(七・八・九月)
残暑・天の川・星月夜《ほしづくよ》・夜長・名月・虫・七夕《たなばた》・十六夜《いざよい》・運動会・紅葉《もみじ》狩《がり》・霧《きり》・流星・稲妻《いなずま》・桐一葉《きりひとは》・朝顔・コスモス・渡《わた》り鳥・ひぐらし・雁《かり》・松たけ・紅葉・ぶどう・菊《きく》・つた・秋刀魚《さんま》・柿《かき》・栗《くり》・りんご・鈴虫《すずむし》・赤とんぼ・かかし

○冬（十・十一・十二月）
年《とし》の瀬《せ》・春近し・霜《しも》・小春日和《こはるびより》・こがらし・時雨《しぐれ》・師走《しはす》・初雪・あられ・枯野《かれの》・北風・枯葉・落葉・炭火・火事・七五三・除夜《じょや》の鐘《かね》・風邪《かぜ》・こたつ・スキー・ストーブ・クリスマス・うさぎ・白鳥・大根・ねぎ・みかん・水仙《すいせん》・柚子湯《ゆずゆ》・寒すずめ・鴨《かも》・ラグビー

❸ Aウ　Bア　Cエ

考え方　B「暮れずともよし」に作者の感動の中心があります。子どもたちと遊ぶのが楽しくて、日が暮れないでほしいものだというのです。

❹ (1)A季語…すみれ草　季節…春
B季語…冬こだち　季節…冬
C季語…夕がへる　季節…春
D季語…春の月　季節…春
(2)①C　②B

考え方　(1)D水におおわれて青くかがやく地球、その地球から少しはなれて浮《う》かぶ月を「春の月」としています。もちろん宇宙《うちゅう》からよんだ句ではありませんが、作者の感覚の新しさが感じられます。(2)①Cの句は、一人で人気《ひとけ》のない山から人里におりてくると、すれちがう人や、夕方にかえるが鳴いている声が、妙《みょう》になつかしく感じられるということをよんでいます。②Bの句は、枯れたような「冬こだち」におのを打ちこんでみたら、その強烈《きょうれつ》な香《かお》りにおどろかされたということをよんでいます。

• 96・97ページ（ステップ2）

❶ (1)①蛍の淡い光がふっと消える瞬間のさびしさ。　②「一尺消えて」というところへの着眼。
(2)①昼の蛍　②幽かに光る蛍一つ

考え方　(1)明かりというのは人の心をなごませ、なつかしい気持ちにさせてくれるものですから、蛍の光が消える瞬間にも「さびしさ」が感じられるのです。その一瞬にスポットを当てたのが、作者の着眼のおもしろさです。(2)「昼の蛍」なので、当然光はかすかにしか見えません。それでも竹藪の中はやや暗いので、なんとか光って見えたのが、やぶを出たらそれも消えてしまったというのです。この歌もAの俳句と同じく、「淋しさ」をよんだ句だといえるでしょう。

❷ (1)冬
(2)エ
(3)イ

考え方　(1)「氷らんとする湖」から、寒さのきびしい冬によまれた歌だとわかります。(2)「湖の静けさ」と、名詞《し》で終わっています。(3)「焦げきはまれる」とは、焦げたような赤さがピークに達している様子をいっています。真っ赤に燃える夕焼け空と、こおりつく寸前《すんぜん》の湖という、二つの雄大な自然の景観を対比させたスケールの大きな歌だといえるでしょう。

❸ (1)①朝顔　②秋
(2)①イ　②エ

考え方　(1)朝顔は夏に咲《さ》く花というイメージがあるので、夏の季語だと考えた人もいるでしょうが、実は秋の季語です。季語は旧暦《きゅうれき》（明治《めいじ》時代まで使われていた昔の暦《こよみ》）で表されるので、現代の季節感とはずれるものがあることを頭に置いておきましょう。(2)作者の加賀千代女は江戸《えど》時代中期の女流俳人です。だれにでもわかりやすい俳句をよみ、世に知られるようになりました。

20 古典を読む

• 98・99ページ（ステップ1）

❶ (1)ア
(2)イ・ウ

考え方　(1)本文中に「五十歩」「百歩」という言葉が出てくるのでわかりやすいと思います。「五十歩」と「百歩」では二倍の差があるではないか、「わずかなちがい」とはいえないだろう、と考える人もあるかもしれませんが、「にげた」という事実の前では、このちがいは大したものではないと考えられるのです。(2)イの「大同小異」は、小さなちがいはあるが、全体的にはほぼ同じであることを表す四字熟語《よじじゅくご》、ウの「どんぐりの背比べ」は、どれも同じようで大したちがいのないこと、大差のないことを表すことわざで、どちらも「五十歩百歩」と似た意味であるといえます。

❷

①〇　②×　③〇　④〇　⑤×

考え方　①「灯台もと暗し」は、「身近なことにはかえって気づきにくいものだ」、②「仏の顔も三度」は、「どんなに温和な人でも、何度もひどいことをされればおこり出す」、③「とらぬ狸の皮算用」は、「まだはっきりしないことを当てにして、それにもとづいた計画をあれこれと立てること」、④「寝耳に水」は、「思いがけず突然《とつぜん》のことが起こっておどろくこと」、⑤「焼け石に水」は、「わずかな努力や援助《えんじょ》では効果《こうか》がない」という意味。「仏の顔も三度」というのは、ついにおこり出すときに使われる言葉なので、②の使い方は×、「焼け石に水」は効果がないことのたとえなので、⑤のような使い方は×となります。

❸

(1)イ

(2)不思議に思って

(3)イ

考え方　(1)「竹取物語」は、平安時代初期に作られた、わが国最古の作り物語。「かぐや姫《ひめ》」の物語といえば、子どもたちにもなじみの深いお話といえるでしょう。(2)「あやしがる」は、「不思議に思う、変だと思う」という意味です。(3)「うつくし」は、「小さくてかわいらしい、愛らしい」という意味です。それがやがて、「きれいだ、見事だ」という意味になり、現代語の「美しい」になっていったのです。

ここに注意　古典の読み方

〇歴史的仮名《かな》づかい…現代の仮名づかいとはちがっているので、注意が必要です。

例　いはく→いわく　問ふ→問う
よろづ→よろず　美しう→美しゅう

〇古文特有の言葉

・現代では使われていない言葉

例　いと＝たいそう。
いみじ＝はなはだしい。

・現代とは意味の異《こと》なる言葉

例　うつくし＝かわいい。
ありがたし＝めったにない。
やがて＝すぐに。

〇古文特有の表現

古文の文章の文末には、「〜けり」や「〜たり」がよく使われています。これは、現代の「〜でした」「〜です」と同じような表現です。過去《かこ》形の場合には「けり」、現在《げんざい》形の場合には「たり」が多く使われます。

例　たけとりの翁といふものありけり。
→いた。
筒の中光りたり。→光っている。

• **100・101ページ（ステップ2）**

❶

イ・オ

考え方　イ「口はわざわいのもと」は、「何気なく言った言葉が災難《さいなん》をまねくこともあるから、言葉には気をつけよというい ましめ」、オ「きじも鳴かずばうたれまい」は、「よけいなことを言ったために災難をまねくことのたとえ」です。なお、ア「飼い犬に手をかまれる」は、「かわいがってめんどうをみてきた者に手ひどくうらぎられることのたとえ」、ウ「能あるたかはつめをかくす」は、「本当に力のある者は、やたらにそれをひけらかさないものだというたとえ」、エ「鬼に金棒」は、「それを持つことで、強い者がさらに強くなることのたとえ」です。

❷

①オ　②ウ　③ア　④イ　⑤エ

考え方　ア「渡る世間に鬼はない」は、「世の中は情《なさ》け知らずばかりでなく、困《こま》っているときには助けてくれるよい人もいるということ」、イ「のれんに腕押し」は、「少しも手ごたえのないことのたとえ」、ウ「朱に交われば赤くなる」は、「人は交わる相手によって、善《よ》くも悪くもなるということ」、エ「火に油を注ぐ」は、「勢《いきお》いのはげしいものに、さらに勢いを加えることのたとえ」、オ「他山の石」は、「他人のよくない言動も、自分をみがく役に立つこと」です。

3

(1)イ
(2)①娑羅双樹の　③たけき者も
(3)おごれる人も久しからず・たけき者もつひにはほろびぬ
(4)エ

考え方　(1)「平家物語」は鎌倉《かまくら》時代につくられた、平家の繁栄《はんえい》と滅亡《めつぼう》をえがいた軍記物語です。琵琶法師《びわほうし》によって語られ、全国に広がりました。(2)この「平家物語」の初めの部分は、対句や漢語（漢字の熟語）を多く使った名文として知られています。(3)「盛者必衰」とは、現代語訳からもわかるように、いま勢《いきお》いがさかんな者も、いつかは必ずおとろえるということです。(4)「祇園精舎」「諸行無常」「沙羅双樹」「盛者必衰」など、実に多くの漢語が使われ、それによって歯切れのよいリズム感を生んでいます。

ここに注意　古典の知識

○奈良《なら》時代
・古事記《こじき》…日本に残っている最古の本。多くの神話や伝説が収《おさ》められている。
・万葉集《まんようしゅう》…わが国で最も古い歌集。
○平安《へいあん》時代
・古今和歌集《こきんわかしゅう》…紀貫之《きのつらゆき》が代表的な歌人。
・源氏物語…紫　式部《むらさきしきぶ》が書いた世界で最も古い長編《ちょうへん》小説。
・竹取物語…かぐや姫《ひめ》の物語。
・枕草子《まくらのそうし》…清少納言《せいしょうなごん》が書いた随筆《ずいひつ》。
・伊勢《いせ》物語…在原業平《ありわらのなりひら》を主人公にした歌物語。
・土佐日記《とさにっき》…紀貫之が書いた日記。
○鎌倉《かまくら》・室町《むろまち》時代
・新古今和歌集…後鳥羽院《ごとばいん》・藤原定家《ふじわらのさだいえ》などが代表的歌人。
・平家物語…平家の興亡《こうぼう》をえがいた軍記物語。
・徒然草《つれづれぐさ》…兼好《けんこう》法師が書いた随筆。
○江戸《えど》時代
・おくのほそ道《みち》…松尾芭蕉《まつおばしょう》の俳諧《はいかい》紀行文。
・おらが春《はる》…小林一茶《こばやしいっさ》の俳句・俳文集。

4

(1)イ
(2)独断におちいる危険がある。
(3)②昔の物事　③新しい知識や現実
(4)イ

考え方　(1)「孔子」は、中国古代の学者・思想家で、儒学《じゅがく》の祖《そ》といわれています。「論語」は、孔子の言動や、弟子《でし》や諸侯《しょこう》（各地の支配者《しはい》）との問答などを、弟子たちの手でまとめた書物です。(2)「罔し」（何もはっきりしない）とともに、意味をしっかりとつかんでおきましょう。(3)「故き」も「新しき」もどちらも大切だと述《の》べています。(4)「温故知新」は、「ふるきをたずねて新しきを知る」ともいいます。昔のことをよく学び、そこから新しい知識や思想を得ることをいいます。

ここに注意　漢文の知識

○論語《ろんご》…中国の思想家で、儒家の祖・孔子の言行、孔子と弟子の問答をまとめたもの。
○孟子《もうし》…中国の思想家・孟子の、王や弟子との問答を記したもの。
○老子《ろうし》…中国の伝説上の思想家・老子が説《と》いたとされる道家《どうか》の思想をまとめたもの。
○韓非子《かんぴし》…中国の思想家で、法家《ほうか》（法律《ほうりつ》によって天下を治めることを主張《しゅちょう》した人々）の思想をきわめた韓非子の書いた書物。

● 102〜105ページ（ステップ3）

1

(1)エ
(2)エ
(3)ウ
(4)(例)わすれる
(5)ア

考え方　(1)「ざっくりと」や「くるりと」は擬態語、最後の連の「熱く香ばしくして食べたいんだ。」と「熱い器でゆず味噌で／ふうふういって。」は倒置されています。また、「いい大根のような」は直喩です。(2)「ス」は、古くなったりして、ダイコンやゴボウなどのしんに細いあながあいた部分のことをいいます。「すが立つ」などといいます。(3)「いい大根のような一日がいい」などの表現に注目しましょう。(4)「日の皮」とあることから考えましょう。「わすれる」と同様の意味で字数が合っていれば、他の言葉でも正解《せいかい》とします。(5)「自分の一日をやわらかに／静かに熱く煮込んでゆくんだ。」「一日をふろふきにして／熱く香ばしくして食べたいんだ。」などの部分に注目しましょう。

2

(1)A季語…さみだれ　季節…夏
B季語…雪とけて　季節…春
C季語…山ほととぎす　季節…夏
D季語…秋のほたる　季節…秋
E季語…案山子　季節…秋

(2)①B　②C　③A

考え方　(1)Aさみだれは「五月雨」と書きますが、夏の季語になります。D「ほたる」は夏の季語ですが、「秋のほたる」なので秋の季語になります。(2)①Bの「雪とけて」は、雪がとけるようなあたたかい季節を表しているので、「春」の季語です。「雪」という言葉から、「冬」の句と間違《まちが》えないようにしましょう。②C「山ほととぎす」は、山にすむホトトギスのことです。「ほしいまゝ」にこの句の感動の中心があります。③Aの句をよんだとき、作者は最上川で舟に乗っていました。

3

(1)春
(2)イ
(3)イ

考え方　(1)「桜月夜」からわかります。桜が満開の季節です。(2)「清水」「祇園」は、どちらも京都市内の地名です。「清水」は清水寺《きよみずでら》があることで有名です。また、「祇園《ぎおん》」とは京都の八坂神社《やさかじんじゃ》がかつて「祇園社《しゃ》」と呼《よ》ばれたことに由来し、その付近の地名にもなっています。(3)「こよひ逢ふ人みなうつくしき」は、「今夜行き逢う人はだれもがみんな美しく見える」というような意味です。心がうき立っているからこそ、行き逢う人が美しく見えるのです。

4

(1)ウ
(2)きまりが悪い
(3)エ
(4)イ
(5)三(つ)

考え方　(1)「枕草子」は、平安時代中期に書かれた随筆です。鎌倉時代前期の「方丈《ほうじょう》記《き》」、鎌倉時代末期の「徒然草《つれづれぐさ》」とともに「三大随筆」と呼ばれることもあります。(2)「きまりが悪い」はここでは、「はずかしい、ばつが悪い」というような意味です。(3)物を与えるときにまちがえて出て行ったら、まるでその物を欲しがっているようで、特にはずかしいというのです。千年前の貴《き》族《ぞく》女性も、現代の私たちと同じような感覚で生きていたことが想像《そうぞう》できますね。(4)「めでたき事」は、「すばらしいこと」という意味です。すばらしいものを見聞きして出てくるのは、感動の涙です。(5)「はしたなきもの」として、本文では、「他人を呼んでいるのに自分かと思って出て行く」、「たまたま他人の悪口を言ったのを幼い子が聞いていて、その人の前で言う」、「かわいそうなことを人が話しているのに涙がすぐに出てこない」という三つの例を挙げています。

5

(1)エ
(2)ア

考え方　(1)「故人」は、現代では「亡《な》くなった人」を意味することが多いです。今と昔で意味がちがう言葉に気をつけましょう。(2)後半の二行には長江の雄大《ゆうだい》な自然がえがかれていますが、作者の感動は、むしろその雄大な自然に吸いこまれてしまいそうな小さな人間(孤独《こどく》な友人・孟浩然)をえがき出すことにあるようです。

ここに注意　漢詩の知識
○杜甫《とほ》…中国・唐代《とうだい》の詩人。「詩聖《しせい》」とたたえられた。
○李白…中国・唐代の詩人。杜甫の「詩聖」に対して「詩仙《しせん》」とたたえられた。
○孟浩然…中国・唐代の詩人。自然の美をうたった詩を多く書いた。

総復習テスト ①

• 106～109ページ

1

(1)脳が自分自～と察知した(時。)
(2)従って感動

(3)イ
(4)ウ
考え方 (1)次の段落で「感動とは脳のシステムから見てどういったもの」なのかが説明されています。脳が、今自分が経験していることを、情動系のシステムで自らの体験や価値観と照らし合わせ、「脳が自分自身を変える大きなきっかけになる情報が来たと察知した時」に感動が起こるのです。(2)筆者は、感動とは「脳が記憶や感情のシステムを活性化させて、今まさに経験していることの意味を逃さずにつかんでおこうとする働き」だといっています。さらに続く三つの文では、別の言葉で言いかえて説明をおぎなっています。(3) ② の前では「感動する場面も人によってさまざま」だといっていますが、あとでは「映画の中にたくさんの感動を覚えられる人ほど、脳の情動系システムが活発に働いている」といっています。人によってさまざまだが、たくさんの感動を覚えられる人ほど、脳の情動系システムが活発に働く、という関係なので、② には逆接《ぎゃくせつ》の接続語「しかし」が入ります。(4)すぐ前の段落から読み取ります。「感動することをやめた人は、生きていないのと同じことである」「大人は子供のように感動することができない。それは初めての経験というものが圧倒的に少なくなってくるからです。」などの文から、筆者の考えをとらえるようにしましょう。

2 (1)「いや〜哀しみ
(2)イ
(3)俺の技術が〜れている。
考え方 (1)一年前の「俺」の気持ちは、——線①の二つあとの段落に書かれているので、そこから三十五字以内で適切《てきせつ》な部分をさがします。(2)「目をそらす」は、目を他の方へ動かすという意味ですが、「直面している事実を見ないようにする」という意味にも使われ、この場合もその意味にあたります。アの「背を向ける」は、「知らんぷりをしてとりあわない。そむく」、ウの「土俵を下りる」は、「議論《ぎろん》や話し合いの場から去る」意味の慣用句《かんようく》です。(3)「八方ふさがりの状態」が具体的に述《の》べられているのは、——線③の直前の段落です。

総復習テスト②

• 110〜112ページ

1 ①ウ ②エ ③イ ④オ ⑤ア ⑥カ
考え方 それぞれのことわざの使い方の例を挙げておきます。①一寸の虫にも五分の魂だ、たとえ相手が初心者ばかりのチームでも油断《ゆだん》せずにいこう。②景気が悪くて、濡れ手にあわとはいかないよ。③彼が結婚《けっこん》するとは、たで食う虫も好き好きというやつだな。④この部屋に安物のソファでは、ちょうちんにつりがねだよ。⑤きじも鳴かずばうたれまいというのに、かれは失言をして部長におこられたらしい。⑥庭に何の木を植えるか家族の意見が合わなかったが、おじいさんのつるの一声で梅に決まったよ。

2 (1)イ
(2)俗
(3)(例)雪が降って、山頂がまっしろに光りかがやいていたから。
(4)御坂峠のそ
(5)ア
(6)(例)富士と立派に相対峙し、みじんもゆるがず、けなげにすっくと立っていたところ。
考え方 (1)「変哲」とは、ふつうとちがっていること。「(何の)変哲もない」の形でよく使われます。(2)「俗」とは、「世間なみ、ありふれていること」という意味です。「低俗」「俗っぽい」「俗に言う」などの使い方があります。(3)雪が降ったことで、「俗」な感じではなくなったのです。「雪が降って、富士のすがたが変わったから。」のような答えでも正解《せいかい》です。(4)作者がいる茶屋は、郵便物が届かないほどの山の中なのです。(5)「変哲もない三角の山」とあります。雪の降った富士を「ばかにできないぞと思った」作者ですが、このときは「富士なんか、あんな俗な山、見度くもない」と思っていたので、老婆の「富士には一瞥も与えず、かえって富士と反対側の、山路に沿った断崖をじっと見つめて」いる姿に共感を覚えたのです。⑹「対峙」とは、向かい合ってそびえ立つことです。三七七八米（現在《げんざい》では標高《ひょうこう》三七七六メートルとされている）の富士山と、ちっぽけな月見草ではは本来つり合うはずがないのですが、その花がもつけなげな様子が、富士山と立派に「相対峙」するものと作者には感じられたのです。